SOLA SCRIPTURA

e os dons de Revelação

SOLA SCRIPTURA

e os dons de Revelação

Como lidar com a atual manifestação do dom de profecia?

DON CODLING
Prefácio de Renato Cunha

carisma
EDITORA

Dados Internacionais de Catalogação na Publicação (CIP)

Ficha Catalográfica elaborada por Heloisa Bazante da Silva Gilchrist CRB-4/P-1577

C669s Codling, Don
Sola Scriptura e os dons de revelação : como lidar com a atual manifestação do dom de profecia? / Don Codling. – Natal:
Editora Carisma, 3ª ed. 2020.
252 p ; 14x21cm
ISBN: 978-65-990138-3-6
Tradução de Alan Baptista et al.
1. Religião - História. 2. Profecias bíblicas. I. Título.

CDU 2-1

Referência Bibliográfica

CODLING. D.A. Sola Scriptura e os Dons de Revelação. 3ª ed. Natal: Editora Carisma, 2020

Direitos de Publicação

© 2016 Editora Carisma · Todos os direitos reservados para a Língua Portuguesa.

Título original em inglês: *Sola Scriptura and the Revelatory Gifts: How Should Christians Deal With Present Day Prophecy?* Sentinel Press, Rice, Washington, 2005.

© Donald Alwyn Codling

Proibida a reprodução por quaisquer meios (mecânicos, eletrônicos, xerográficos, fotográficos, gravação, estocagem em banco de dados, etc.), a não ser em citações breves com expressa indicação da fonte.

carisma
EDITORA

Caixa Postal 3412 | Natal-RN | 59082-971
editoracarisma.com.br
sac@editoracarisma.com.br

Créditos

Direção Executiva: *Luciana Cunha*

Direção Editorial: *Renato Cunha*

Projeto gráfico: *Marina Avila*

Tradução: *Allan Baptista (RJ), Dione Júnior (GO), Helder Nozima (USA), Ícaro Alencar (AC), Idelmar Campos (AC), Renan Moreira (RJ).*

Composição Gráfica

Fonte: *Bely*
Papel: *Pólen 70g/m²*

Edição

Ano: *2020*
Terceira edição
Impresso no Brasil

Sumário

PREFÁCIO À EDIÇÃO AMERICANA 11
PREFÁCIO À EDIÇÃO BRASILEIRA 15
INTRODUÇÃO 19
    Definições 31

1 OS DONS DO ESPÍRITO SANTO 35
    Talentos naturais não são dons espirituais 36
    Dons sobrenaturais do Espírito 36
    Distinção tradicional (ordinário e extraordinário) 37
    Proposta de novas categorias (dons de revelação
    e não-revelacionais) 40
    Propósitos dos dons de revelação 41
    Tabela I 47

2 O CÂNON DAS ESCRITURAS 49
    Bases da Canonicidade 49
    O conceito de cânon 50
    Resposta para o período da Reforma 53
    Teorias Críticas Modernas 58
    A questão do cânon aberto ou fechado 66
    Possibilidades para um cânon aberto 66
    Argumentos para o cânon fechado 68
    Autoridade canônica e não-canônica 72
    Cânon: fechado, escrito, palavra apostolicamente
    autorizada de Deus 75

3 ANÁLISE DOS ARGUMENTOS CESSACIONISTAS PARA A CESSAÇÃO DAS REVELAÇÕES NÃO-CANÔNICAS 79

Argumento 1: Toda revelação especial é canônica 81

Refutação 84
Nem toda revelação especial é canônica 84
   A Bíblia deixa claro a existência de
   revelação não-canônica 85
   Nenhuma Declaração Direta
   da Cessação da Revelação Especial 85
   Palavras e Atos de Cristo que não estão nas Escrituras 89
   Revelação Através dos Servos
   de Cristo que não Está nas Escrituras 91

Argumento 2: A Escritura é suficiente para nossas necessidades 96

Refutação 99
A Conclusão da Bíblia
não Implica que a Revelação Cessou 99
   Refutação: Graça Além do que é Suficiente 100
   Confusão entre Suficiência e Completude 106
   A Graciosidade de Deus Ignorada neste Argumento 108

Argumento 3: Dons de revelação são sinais apostólicos 110

Refutação 112
Dons Revelacionais
são mais do que Sinais Apostólicos 112
   Reivindicação bíblica de que os dons são Apostólicos 114

Argumento 4: A revelação em Cristo é final e perfeita 132
   Refutação 133
   A Finalidade da Revelação em
   Cristo Proíbe Alterações, Não Revelações 133
      Hebreus 1.1-2 (CFW 1:1) 134
      Gálatas 1.8-9 (CFW 1:6) 136
      Apocalipse 22.18-19 (BC. 3) 138
      O Caráter Especial da Revelação em Cristo
      e da Bíblia Não Implica na Cessação 139

Argumento 5: Dons de revelação
são parte da iniciação do Reino de Cristo 142
      A fundação do Reino de Cristo
      marcada por dons miraculosos 143
      Não há necessidade de dons de revelação
      na presente época 151

   Refutação 153
   Dons de Revelação Vinculados
   ao Reino, Não Apenas à sua Fundação 153
      A fundação do Reino definida 154
      Dons de revelação como
      não limitados ao tempo dos Apóstolos 157
      Os dons são universais na igreja 160
      Limitações estritas são colocadas
      no uso de dons de revelação 163
      A Escritura não limita
      a sua finalidade para a construção da fundação 165
      Dons de revelação não são apenas um substituto
      temporário para o Cânon completo 174
      Dons de Revelação: Marcas da Presença do Reino 177
      Resumo do argumento 180

4 UMA DOUTRINA BÍBLICA DOS DONS DE REVELAÇÃO ... 185
    Razões para Crer na Continuidade
    dos Dons de Revelação ... **188**
    Outras questões ... **194**
    Uma base doutrinária que inclua a continuação
    dos dons ... **197**

5 TESTANDO OS ESPÍRITOS ... 209
    Principais preocupações sobre avaliar os espíritos ... **211**
    O primeiro teste: o verdadeiro Deus é proclamado? ... **213**
    O segundo teste: está de acordo com as escrituras? ... **215**
    O terceiro teste: os resultados são bons? ... **217**
    O quarto teste: os milagres alegados aconteceram? ... **220**
    Sinais e Maravilhas que testificam a Cristo ... **222**
    O quinto teste: isso resulta na união do povo de Deus? ... **224**
    Ausência de provas: uso indevido de dons espirituais ... **226**
    Testes suficientes para nos proteger ... **227**

6 LIDANDO COM OS DONS DO ESPÍRITO ... 229
    Devemos lidar com as falsas reivindicações de dons ... **229**
    Curadores devem ser
    ensinados a olharem para a sua própria fé ... **232**
    Línguas são um dom, não uma habilidade aprendida ... **234**
    Disciplina é a chave para o uso
    edificante dos dons de Deus ... **235**
    Disciplina se aplica àqueles que estão na Igreja ... **237**
    Disciplina tem um escopo maior
    do que simplesmente limpar a igreja dos ofensores ... **237**
    Conclusão ... **240**
    Bibliografia ... **246**

PREFÁCIO À EDIÇÃO AMERICANA

Trinta anos atrás apresentei minha tese de Mestrado com base na problemática da cessação dos dons extraordinários do Espírito Santo. Minha conclusão certamente não foi muito popular no *Westminster Theological Seminary*. Após minha defesa oral perante a banca de Teologia, meu orientador disse-me que a principal discussão entre os professores era sobre qual deles responderia aos meus argumentos.

Naquela época, defini como conclusão preliminar que a visão comum dos círculos presbiterianos e Reformados sobre a qual os dons extraordinários haviam cessado, estava equivocada. Apontei a falha de cada argumento usado para sustentar essa posição. Após esses anos todos, ainda espero por uma refutação contrariando a minha tese. Durante todo esse tempo, uma série de lideranças eclesiásticas tem desafiado meu ponto de vista e minha resposta tem sido entregá-la com o convite para contraditá-la. Nenhuma tentativa visível tem sido feita e o silêncio eloquente é um testemunho a me convencer que minha crítica estava certa.

O presente volume não é uma revisão completa do trabalho que elaborei na época e que eu gostaria de apresentar ao leitor de hoje. A ocupação pastoral não deixa tempo livre ou energia suficiente para esse trabalho de revisão mais acurado. Eu também preciso pedir desculpas pelo inglês que usei como estudante, pois somente corrigi os piores trechos. Meu grande esforço foi escrever um material suplementar que demonstre uma tese que se oponha à visão comum. Minha esperança, minha oração, é que as pessoas de ambos os lados do abismo surgido na Igreja em desacordo sobre as línguas e profecias, leiam este livro e sejam ajudadas a preencher as lacunas, chegando a uma maior unidade prática para o povo de Cristo, para o fortalecimento da Igreja do Senhor e glorificação do nome dele.

Alguns agradecimentos são devidos a muitas pessoas que me ajudaram, incluindo aquelas que discordam de mim e que discutiram seus pontos em profundidade, permitindo que eu estivesse certo de que entendi suas preocupações. Em especial, agradeço ao Professor Norman Shepherd que pacientemente me desafiou e guiou meu trabalho, embora tenha discordado da minha conclusão. Agradeço também à minha esposa que não apenas cuidou de mim, como também digitou os rascunhos da minha tese e os revisou antes dos dias atuais em que os computadores facilitam bastante.

Também são devidos agradecimentos a Robert Andrews, editor deste livro. Pensei durante muito tempo sobre preparar este livro para publicação, no entanto nada foi feito até que ele tivesse me encorajado. Sem seu incentivo, temo que este seria ainda apenas um sonho vago. Há, sem dúvida alguma, quem responda a esse livro, chamando-o de uma traição aos meus compromissos confessionais. Eu não acredito que isso seja verdade, mas há uma resposta bem simples. Eles apenas deverão mostrar pelas Escrituras, e pelas Escrituras apenas, que estou enganado, e terei prazer em me retratar. O voto confessional que jurei defender repousa sobre a afirmação de que "Todo o conselho de Deus concernente a todas as coisas necessárias para a glória dele e para a salvação, fé e vida do homem, ou é expressamente declarado na Escritura ou pode ser lógica e claramente deduzido dela. À Escritura nada se acrescentará em tempo algum" (Confissão de Westminster, I.6), um desafio para que se prove que as Escrituras contradizem as Escrituras e a Confissão. A resposta final para todas as alegações contrárias à verdade é *"à lei e ao testemunho"* (Is 8.20).

Don Codling, 15 de fevereiro de 2004.

PREFÁCIO À EDIÇÃO BRASILEIRA

No tempo em que pesquisava para escrever o livro *Sob os céus da Escócia*, tive o espantoso privilégio de me deparar com um sem-número de registros relatando farta manifestação do dom de profecia preditiva entre os puritanos escoceses no decorrer dos séculos 16 a 18. Fiquei particularmente surpreso com testemunhos impressionantes retratando dias de glória e efusivo mover do Espírito de Deus entre os homens. Por outro lado, surpreendi-me negativamente quando me deparei com a hesitação de uma parcela de estudiosos Reformados, inarredavelmente mais céticos em relação aos relatos carreados.

Até então, era compreensível que certas manifestações entre pentecostais e carismáticos da atualidade fossem descartadas ou rotuladas como impróprias, mas causava-me absoluta estranheza que relatos entre presbiterianos calvinistas recebessem o mesmo tratamento acrítico. Tais relatos, diga-se de passagem, foram reputados como verdadeiros em obras igualmente Reformadas e Calvinistas, lavra de historiadores do mais alto gabarito e honorabilidade, tais como John Howie, Alexander Smellie, Peter Hume Brown, Thomas Boys, London Gardner, John Kennedy Dingwall e muitos outros. Todos registraram aquelas manifestações, creio eu, como um apelo às gerações futuras a fim de que não extinguissem o Espírito, mas que mantivessem a expectativa do incomum e extraordinário na Igreja de Cristo.

A ocasião balizou minha percepção para entender que a objeção principal dos críticos mais receosos, relaciona-se essencialmente com a recusa em aceitar que eventos históricos sejam válidos para subscrever uma teologia que afirma como absolutamente possível a ocorrência de revelações especiais extrabíblicas após o encerramento do cânon. Frise-se que aquela objeção confronta diretamente o pensamento de nomes importantes da teologia puritana. George Gillespie e Samuel Rutherford, por exemplo, os dois mais importantes delegados da Assembleia de Westminster, subscreveram sem reservas aquela possibilidade e aceitavam-na como de nenhum perigo para a suficiência das Escrituras Sagradas. Sustentavam que importava destacar a soberania do Espírito em detrimento de quaisquer que fossem as formulações teológicas em contrário. Mas é bem verdade que o desconhecimento daquelas manifestações sobrenaturais entre os Puritanos, somado ao completo desconhecimento de muitos nomes aqui relacionados, reforçam o *status quo* em que prevalece a dúvida.

Contudo, é igualmente evidente que tal estado parece denunciar que a forma mais utilizada para se elaborar teologia tem sido a de subscrever apenas determinados pressupostos previamente aprovados pela razão, ou tradições teológicas que consubstanciam um dogma regiamente estabelecido. Não obstante, se nosso esforço é no sentido de consolidar o ensino das Escrituras, vez por outra deveremos ser obrigados a desancorar de alguns atracadouros dogmáticos e permitir-nos circunstancialmente ficar à deriva como sendo de vital importância à produção teológica com a marca de corajoso pioneirismo.

Com efeito, foi o que fizeram os Reformadores no chamamento a um retorno às Escrituras, ao desvencilho coletivo de certas tradições eclesiásticas, motivados em prol da verdade bíblica e do avanço da ciência hermenêutica. Este espírito comandou a ordem do dia por longos anos na construção da tradição protestante que ambicionava o *ecclesia reformata, semper reformanda* com ares de princípio normativo. Assim, um sistema confessional, embora deitando raízes no dogma, deve reproduzir com o máximo de integralidade o ensino das Escrituras, que nem sempre é definido absolutamente pelo regramento dogmático. O estudioso bíblico deve então estar consciente que seu labor se concentra na Bíblia que julga criteriosamente sistemas (Confissões, Credos, Catecismos), e não em sistemas mantidos coercitivamente na condição de agentes fiduciários da Bíblia. A Escritura, portanto, é nossa fonte suprema de autoridade, embora não se negue a significação dos Catecismos e Confissões como ferramentas pedagógicas auxiliares para um melhor entendimento sobre a verdade revelada de Deus. Em resumo, esta conclusão soará excessivamente grosseira para alguns, mas devemos ter em mente que nenhum sistema confessional é indiscutível, por melhor elaborado que seja.

O *Sola Scriptura* foi definido justamente com este propósito, situando com máxima precisão o lugar das fontes extrabíblicas na discussão teológica com vistas à instrução do povo de Deus. Um chamado à memória de que a Escritura Sagrada embora não sendo a única fonte de autoridade para o ensino na Igreja, é a única com *status* de inerrância e infalibilidade. Esta premissa tem sido desconsiderada pelos escolásticos modernos que fazem ares de esquecê-la, concedendo, em muitas ocasiões, primazia ao dogma em lugar da teologia bíblica.

Sola Scriptura e os Dons de Revelação, portanto, preenche um hiato relevante na discussão proposta por livros como *Sob os céus da Escócia* e dezenas de outros publicados no decorrer dos anos até aqui. Este livro procura estabelecer um ponto fixo para o desenvolvimento de um debate com rota bem definida para os estudiosos que reconhecem a importância da suficiência das Escrituras e temem o deslocamento desta autoridade, bem como para os que buscam argumentos técnicos visando consolidar suas crenças carismáticas sob o crivo do imperativo ordenamento bíblico. Assim, a premissa central sobre a qual o livro se desenvolve, responde aos argumentos mais extremados, tanto daqueles que veem manifestações atuais do dom de profecia como comprometedoras da suficiência das Escrituras, quanto se posiciona como uma resposta aos que desejam se estabelecer como exclusivas autoridades sobre o assunto, apenas porque têm algum contato com os dons de línguas e profecia. Para ambos os lados, Codling convoca a que se debrucem juntamente com ele no estudo meticuloso sobre o que as Escrituras afirmam acerca do tema. Assim, somos relembrados quanto ao verdadeiro sentido do *Sola Scripturæ* quando reafirma nossa melhor declaração de que queremos a revelação plena de Deus sobre os seus dons.

Por conseguinte, este livro não é a mera apresentação de qualquer trabalho acadêmico, porquanto além de extrair somente da Bíblia e da inestimável herança reformada os argumentos favoráveis à contemporaneidade dos dons, é produção intelectual do mais alto jaez com a chancela de um dos redutos mais tradicionais do conservadorismo Reformado norte-americano.

É revestido com honra imerecida que assino o prefácio da edição brasileira, louvando a Deus por recair sobre mim esta escolha, e de poder assumir o *múnus* como a voz no deserto que anuncia feito importantíssimo à glória de Deus, bem como de entregá-la ao povo de meu país e aos cristãos do mundo de língua portuguesa.

Renato Cunha, 11 de março de 2016.

INTRODUÇÃO

As igrejas pentecostais são os grupos cristãos que mais crescem no mundo, muito embora, diversos outros grupos atualmente também defendam os dons de línguas, profecias e de cura. Por outro lado, há também vários outros cristãos defendendo que tais dons não são mais concedidos ao povo de Deus e a questão do uso dos dons espirituais miraculosos descritos no Novo Testamento tem dividido a Igreja cristã. O desenvolvimento do movimento carismático[1] trouxe à tona o problema do exercício dos dons do Espírito Santo pois quando os primeiros pentecostais se separaram de suas denominações originais para estabelecer novas igrejas eles foram amplamente ignorados.

No entanto, desde 1960 muitas pessoas têm dito que receberam dons espirituais extraordinários, mas não abandonaram suas igrejas e em quase todas as denominações há pessoas que afirmam ter o dom de falar em línguas, bem como

---

[1] Na edição norte-americana o autor usa o termo neo-pentecostalismo, porquanto à época da Dissertação não era corrente o uso do adjetivo "Carismático" como comumente utilizado hoje. O movimento ainda era identificado como uma remodelação do pentecostalismo. [N. do E.]

outros dons maravilhosos do Espírito Santo.² Isto é o que hoje em dia comumente chamamos de Movimento Carismático.

Os primeiros carismáticos omitiram suas distinções, no entanto, inevitavelmente, alguns foram reconhecidos em suas igrejas locais e logo surgiram divisões quanto ao exercício dos dons visíveis do Espírito Santo. Essa interferência na paz da Igreja fez com que se tornasse impossível ignorar a questão dos dons extraordinários. Neste cenário, o Pentecostalismo tem uma área bastante clara que o diferencia:

> O pentecostal normalmente não se preocupa em se distinguir dos demais evangélicos nos fundamentos da fé, haja vista que ele é, por escolha, fundamentalista na doutrina. No entanto o pentecostal encontra sua crucial razão de ser na obra sobrenatural, extraordinária e visível pela qual o Espírito Santo trabalha na experiência pós-conversão do crente hoje tal como o fazia nos tempos dos apóstolos.³

A ênfase recai então sobre a obra do Espírito Santo na vida de cada cristão, não se tratando, portanto, daquela concepção comumente tradicional de que o Espírito Santo trabalha de forma invisível para renovar o crente e guiá-lo. Os Carismáticos insistem que a obra do Espírito Santo foi feita visível nos tempos bíblicos por meio de manifestações miraculosas e que a mesma operação pode ser esperada em nossos dias. O dom mais reivindicado por esse grupo costuma ser o dom de línguas, embora não seja o foco de todos, e a ênfase, pelo menos no meio

---

² John L. Sherril. *They Speak with Other Tongues*. Westwood, N.J.: Fleming H. Revell Co., 1967, p. 17-67.
³ Frederick Brunner. *A Theology of the Holy Spirit*. Grand Rapids: Eerdmans, 1970, p. 20.

carismático, é que a presença do Espírito Santo se manifesta por um ou qualquer outro dos dons.

Mas por que esse movimento surgiu? O cristão espera por uma nova vida, poder e sentido em Cristo. No entanto, muitos cristãos se deparam em suas igrejas com a fraqueza e inoperância, bem como com mensagens sem relevância para as necessidades reais do ser humano:

> Tanto os pentecostais quanto os carismáticos afirmam que o poder para a vida espiritual do indivíduo e para a Igreja é encontrado no batismo há muito negligenciado, agora redescoberto e experimentado no Espírito Santo com as suas manifestações carismáticas.[4]

Esta afirmação é apoiada pela renovação visível da vida cristã e da comunhão, por um novo interesse no trabalho da Igreja e pelo fervoroso zelo missionário. O cristão espiritualmente faminto, portanto, não pode deixar de ser inclinado a buscar essa poderosa manifestação do Espírito de Deus em sua própria vida.

Enquanto muitos indivíduos cristãos receberam o chamado batismo do Espírito Santo logo após virem a Cristo, e alegam ter recebido certos dons extraordinários, a Igreja Protestante tem historicamente insistido que cada cristão é batizado no Espírito Santo no instante da conversão e que os dons extraordinários não teriam mais sido concedidos desde os apóstolos. Esta afirmação tem se apoiado em um argumento histórico e em determinada elaboração teológica que procura explicar o significado dos dons.

---
[4] Ibid, p. 54.

O argumento histórico foi muito convincentemente apresentado em duas partes por B.B Warfield[5]. Na primeira, ele analisa os escritos dos Pais da Igreja e mostra conclusivamente que os dons do Espírito Santo desapareceram do conhecimento produzido por aqueles que sucederam os apóstolos. As únicas exceções encontradas seriam em grupos marginais que foram julgados como heréticos por outros motivos. Ele revelou ainda que por volta do ano 200 d.C surgiram manifestações esporádicas que reivindicavam ser os dons espirituais:

> Há pouca ou nenhuma evidência de obras miraculosas durante os primeiros cinquenta anos da Igreja pós-apostólica; é pequena e sem importância durante os cinquenta anos posteriores; somente se torna mais abundante e precisa no século seguinte (o terceiro) e torna-se precisa e abundante, de fato, somente no quarto século [...][6].

As evidências de Warfield indicavam que os "milagres" não foram históricos, mas lendas posteriores. Em quase todos os casos, as pessoas que supostamente manifestaram os dons não tinham qualquer consciência deles. A segunda parte do argumento de Warfield foi que a partir do exame da reivindicação de vários grupos que afirmaram ter manifestações miraculosas do Espírito Santo, restou demonstrada a falta de confiabilidade das provas dos dons alegados, bem como demonstrada a natureza herética daqueles grupos.

Por conseguinte, uma vertente do argumento teológico é de que os dons foram dados somente para atender uma

---

[5] B.B. Warfield. *Miracles, Yesterday and Today, True and False*. Grand Rapids: Eerdmans. 1953.
[6] Ibid, *Miracles*, p. 10.

necessidade específica da Igreja primitiva. Com efeito, W.H.G Thomas comparou 1Corintios 14.20-25 com Isaías 28.11 e concluiu que os sinais, particularmente o dom de línguas, foram dados como sinais aos judeus para sua convicção ou conversão. A destruição da nação judaica no ano 70 d.C foi o cumprimento da profecia de Isaías que previa o desastre no qual pessoas falariam outras línguas. Após esse evento, segundo Thomas, já não haveria propósitos para esses dons espirituais[7]. Outros sugeriram que a especial necessidade se baseava na inerente transição entre o período do antigo e do novo pactos. Os dons foram conectados com a escrita do Novo Testamento, assim eles cessaram um pouco depois de o Novo Testamento ter sido concluído[8]. Atualmente, a visão predominante entre aqueles que creem na cessação dos dons miraculosos do Espírito Santo é no sentido de que estes foram concedidos à Igreja primitiva para apoiá-la durante suas dificuldades de sobrevivência em face do judaísmo, paganismo e império romano. À medida em que a igreja se torna mais forte, a necessidade dos dons foi gradualmente diminuindo, provavelmente desaparecendo por completo no tempo de Constantino.[9]

Uma segunda parte do tradicional argumento teológico pela cessação dos dons extraordinários nasce da percepção de que estes foram fenômenos de revelação (veja capítulo 1), insistindo assim na superioridade da suficiência das Escrituras. Este argumento foi particularmente direcionado contra as reivindicações da Igreja Católica Romana que sustentava

---

[7] W.H.G. Thomas *The Holy Spirit of God*. Chicago: The Bible Institute Colportage Association. [n.d.].

[8] *Veja adiante*, capítulo 3.

[9] Warfield, *Miracles*, p. 9. "Há muita coisa atraente nessa teoria [...] embora contradiga toda prova dela derivada".

possuir novas revelações autenticadas por milagres[10]. Os Protestantes asseveram, por outro lado, que a Bíblia foi o único padrão estabelecido para a Igreja. Neste sentido, admitir a continuidade dos dons extraordinários após a completude da Bíblia seria o mesmo que dizer que Deus não nos concedeu o suficiente para todas nossas necessidades.[11] Tal desrespeito à palavra de Deus não poderia ser aceito.

Estes argumentos tradicionais têm sido revividos e conceitos atuais têm sido criados para rejeitar o pentecostalismo moderno. Desde o tempo de Hume a maioria dos filósofos tem rejeitado a possibilidade de reconhecer a existência de milagres. Até aqueles que não compartilham dessa rejeição filosófica dos milagres têm insistido e concordado com a ideia principiológica da continuidade da lei natural que excluiria a possibilidade de eventos que não possam ser explicados por processos físicos normais. Alguns cristãos têm defendido o princípio de que Deus ordinariamente trabalha por meios naturais e a possibilidade de milagres além daqueles gravados nas Escrituras é fortemente resistida.

Uma segunda área na qual a oposição moderna às reivindicações do pentecostalismo é suscitada diz respeito à prática de seus adeptos. Eles atacam primeiro e mais intensamente os erros doutrinários. Em particular, a doutrina do batismo no Espírito Santo como subsequente à conversão como sendo completamente contrário às Escrituras[12]. O exercício do dom de

---

[10] John Calvin. *Institutes of the Christian Religion*, ed. John T. McNeill, trans. Ford Lewis Battles, Vols. XX-XXI, The Library of Christian Classics. Philadelphia: Westminster Press, 1967, pp. 16-17; Calvin's Prefatory Address section 3. As Institutas serão citadas pelo livro, capítulo e seção; *e.g.* Inst. III:iii:3.

[11] Jonathan Edwards. *Thoughts on the Revival of Religion in New England,* 1740, "The Works of President Edwards", III, 8ª ed.: New York: Leavitt, Trow & Co., 1849, p. 364-65.

[12] *veja, e.g.* Walter J. Chantry. *Signs of the Apostles.* Edinburgh: Banner of Truth Trust, 1973, p. 69.

línguas na adoração é comparado à luz das limitações impostas a este dom em 1Coríntios 14 e muitas vezes é encontrado em falta. Muitos consideram que o comportamento pentecostal na adoração é indecoroso, desordenado e, geralmente, excessivo. O ataque final sobre o pentecostalismo é formado a partir da pobre documentação disponível acerca dos dons reivindicados.[13]

Contudo, as tentativas de provar que Deus parou de visitar sua igreja com esses dons estão longe de ser convincentes aos olhos de muitos cristãos. Um escritor pentecostal resumiu esta visão com a seguinte observação:

> Esse tipo de investigação tem resultado em um padrão uniforme que a maioria dos autores não pentecostais parece ter seguido ao escrever sobre o dom de línguas: 1) Uma explicação breve e completamente inadequada acerca das passagens escriturísticas que tratam sobre as línguas; 2) Uma tentativa de esvaziamento do conteúdo da Palavra por meio do apontamento de exemplos de fanatismo; 3) Um estudo unilateral sobre os Irvingitas ou de outros grupos adeptos das línguas antes do século XX; 4) Uma discussão sobre as últimas descobertas nos campos da psicologia e patologia e sua aplicação ao ato de falar em línguas; 5) descrições de contatos isolados com "pessoas que falam em línguas"; 6) Ataques contra personalidades do Movimento Pentecostal que podem ser culpados de imoralidade ou de alguma outra conduta reprovada biblicamente. O fracasso

---

[13] *e.g.* Loraine Boettner. *Studies in Theology*. 11th ed.: Nutley: Presbyterian and Reformed Publishing Co., 1973. p. 73.

desses homens para dar uma interpretação clara e definitiva, bem como sua total inexperiência espiritual com qualquer coisa que se assemelhe às línguas, revela a incapacidade destes de falar com propriedade sobre o assunto.[14]

Pode-se perguntar se o próprio Calvino não sentiu muitas vezes que os argumentos contrários aos dons eram fracos. Claramente e com frequência ele afirmou que os dons, tais como o de profecia, haviam cessado. Contudo, ocasionalmente se posicionou de forma hesitante acerca disso e reconheceu a possibilidade de as manifestações extraordinárias voltarem a ocorrer: *"Ainda, eu não posso negar que o Senhor, às vezes, em um período posterior, tenha levantado apóstolos, ou mesmo evangelistas em seu lugar, como já aconteceu em nossos dias"*[15]. Os argumentos enumerados a favor e contra a prática pentecostal têm apresentado as mesmas deficiências. Via de regra eles são direcionados para casos particulares e por isso não têm forma geral; ou, são baseados na experiência ou na história, que também não são consideradas como fontes de doutrinas da igreja verdadeira, ou ainda se baseando sobre um exame das Escrituras, tomando como verdade aquilo que não foi demonstrado de nenhum modo. Entretanto, há muito já se passou da hora de os cristãos atentarem para o assunto com o melhor de seu engajamento intelectual e em fervoroso espírito de oração.

Todos quantos creem em Deus aceitam que ele pode fazer milagres, mesmo que normalmente atue por meios naturais. Aqueles que aceitam que a Bíblia é a palavra de Deus não podem negar que houve períodos em que o Senhor concedeu

---

[14] Carl Brumback. *What Meaneth This?* Springfield: The Gospel Publishing House, 1947. p. 28-29.
[15] Inst., IV:iii:4.

muitos dons aos homens, tais como o dom de profecia e de operação de milagres. Também não pairam dúvidas de que ele ainda pode fazer as mesmas coisas. Deste modo, o ponto em questão é se há base ou não para afirmar que Deus decidiu que não daria mais esses dons às pessoas.

Destarte, o argumento mais básico para a cessação dos dons extraordinários fundamenta-se na completude das Escrituras. Em essência, este argumento sustenta que não podemos esperar qualquer revelação de Deus para adicionar à Bíblia que temos. Estes dons espirituais são revelacionais, e desta forma, quando a Bíblia foi concluída, deixaram de ser concedidos. Eu penso que tal argumento não foi suficientemente considerado por aqueles que o propõem, ou mesmo pelos pentecostais. Consequentemente, ele será o foco principal de nossa atenção aqui.

No que concerne à abrangência deste livro, é importante informar que há limitações. Em primeiro lugar, por que não se trata de um estudo concernente ao pentecostalismo em si. Em segundo lugar, também é necessário frisar que há muitas variações para os principais argumentos relativos à cessação dos dons extraordinários e nem todos serão examinados. Terceiro, ficará evidente que o assunto em sua inteireza está intimamente ligado à questão da revelação, mas toda aquela área da revelação geral não será aqui examinada. Finalmente, enquanto cuidadosa atenção será dada às mais significativas passagens das Escrituras, isso indica que outras passagens apresentadas em conexão com o argumento considerado não serão explicadas. Contudo, será oferecida cuidadosa atenção às passagens mais importantes citadas em oposição à tese aqui apresentada.

Para maior clareza, o ponto de partida da discussão deve ser especificado e o caminho a ser seguido explicado. Um pressuposto básico é que a Bíblia é a palavra de Deus e o padrão supremo de conduta para o homem. Certos posicionamentos são assumidos por este trabalho os quais o autor está preparado para defender à luz das Escrituras. O primeiro deles ensina claramente que nenhuma contradição pode ser encontrada nas páginas da Bíblia, e que contradição é algo estranho à natureza de Deus. Embora existam aspectos da revelação divina que os homens não têm conseguido resolver em um sistema coerente, o ensino das Escrituras não é que não há solução para essa revelação, mas que o homem em sua finitude e pecado não consegue compreendê-las exaustivamente. Este é um princípio essencial para uma verdadeira interpretação das Escrituras como um todo.

Os padrões confessionais de Westminster[16] são também expressões de fé dos principais pontos das doutrinas reveladas nas Escrituras. Mas deixe-me chamar a atenção especificamente para os limites da formulação doutrinária, haja vista que muitas vezes eles são ignorados nas discussões acerca dos dons do Espírito:

> Todo o conselho de Deus concernente a todas as coisas necessárias para a glória dele e para a salvação, fé e vida do homem, ou é expressamente declarado na Escritura ou pode ser lógica e claramente deduzido dela. À Escritura nada se acrescentará em tempo algum, nem por novas revelações do Espírito, nem por tradições dos homens. (CFW 1.6)

Tal enunciado descreve de modo muito enfático os limites a serem observados, visto que apenas dois fundamentos são

---

[16] A Confissão de Fé (CFW), O Catecismo Maior (CM), O Breve Catecismo (BC).

permitidos. Primeiramente, podemos definir como doutrina aquelas afirmações "expressamente declaradas nas Escrituras". Em segundo lugar, podemos estabelecer como verdadeira doutrina aquela que "por *boa* e *necessária* consequência pode ser deduzida a partir da Escritura". As palavras-chave tiveram ênfase acrescentada.

Por outro lado, o homem tem muitas formas de lógica e cada uma tem sua aplicação em situações diferentes. Como cada forma de lógica leva necessariamente a resultados prováveis, exceção à dedução, a Igreja de Deus não está livre para obrigar ninguém a uma conclusão baseada sobre qualquer outra forma de lógica. Além disso, no emprego da lógica dedutiva para entender o que Deus tem dito nas Escrituras, sua análise deve ser tal que, a conclusão é "necessária" à que não tem alternativa que caiba no padrão das Escrituras. Havendo alternativas que se encaixam no ensino bíblico, a conclusão será sempre duvidosa: uma pessoa pode considerá-la como sua interpretação preferida, mas seria arrogância impor esta à igreja. Além disso, a consequência deve ser "boa" na medida em que foi fundada em premissas biblicamente verdadeiras, bem como pelo raciocínio moldado pelo que é revelado na Palavra de Deus.

Por conseguinte, duas coisas precisam ser ditas sobre a adequada abordagem para compreender o que Deus revelou, especialmente a questão sobre os dons espirituais. O Novo Testamento assume que o exercício desses dons é parte normal da vida da igreja do período apostólico e Paulo ordena "*...procurai com zelo os dons espirituais...*" (1 Co 14.1)[17]. Diante disto, recai o ônus da prova sobre aqueles que consideram haver sido alterada essa situação como necessidade expressa ou necessária do que Deus disse. Isso não contradiz um importante princípio Reformado,

---

[17] Veja também 1 Coríntios 12.31; 14.5, 39, Marcos 16.17*ss*.

aquele que reconhece que somente o que é autorizado por Deus em sua palavra é apropriado para adoração, exatamente porque o uso desses dons é claramente autorizado na Bíblia (dentro de certos limites) como se verifica no capítulo já mencionado. No entanto, isso não exime os carismáticos de formular uma teologia clara que indique o lugar dos dons no culto, haja vista que é dever dos cristãos apresentar justificativas para as suas práticas litúrgicas sobretudo se considerado que muitas formas bíblicas de adoração são atualmente inadequadas (como por exemplo, os sacrifícios). Entretanto, até que haja uma forte evidência de mudança, os cristãos têm o direito de considerar que esses dons são uma benção contínua dada por Deus à sua Igreja.

A segunda consideração foi traçada de forma clara por John Stott:

> Em segundo lugar, a revelação dos propósitos de Deus nas Escrituras deve ser buscada em sua didática interna, não nas peças da história. Mais precisamente, devemos buscar nos ensinos de Jesus, nos escritos e sermões dos apóstolos, não nas porções puramente narrativas dos Atos. O que é descrito nas Escrituras como tendo acontecido com os outros, não necessariamente é destinado a nós. Devemos nos apropriar daquilo que nos é prometido e devemos obedecer aquilo que nos é ordenado[18].

Isso não significa que "o que aconteceu aos outros" nunca será destinado a nós. A vida de Cristo, bem como suas palavras, revelou a vida que deveríamos viver. Muitos outros exemplos poderiam ser oferecidos aqui. Contudo, nem tudo o

---

[18] John Stott. *The Baptism and Fullness of the Holy Spirit*. Downers Grove: IVP, 1971. p. 8-9.

que é descrito nas Escrituras deve por nós ser apropriado. Davi e Salomão foram abençoados com grandes riquezas materiais, mas nem todo cristão pode esperar tal benção. Uma atenção cuidadosa deve ser dada às partes históricas da Escritura para determinar se são aplicáveis a todos os cristãos ou não. Não fazer isso é um problema comum que leva a múltiplos erros.

Definições

Um dos maiores problemas na discussão teológica, e muito evidente em nossos dias, é a falta de compreensão pelo uso de palavras ambíguas ou incomuns. As palavras usadas nesse texto devem ser entendidas diante do seu contexto e conforme definido no Dicionário de Oxford[19]. Palavras que possuam uma significação específica, ou palavras que possuam problemas com sua utilização são definidas em seus próprios pontos.

Todo o tema dos dons espirituais está intimamente conectado com a revelação de Deus ao homem e o significado de revelação como entendido na atualidade. Neste estudo, revelação significa Deus se dando a conhecer ao homem e sobre suas verdades, seu trabalho e seu ser[20]. Costuma-se dividir a revelação em duas seções, geral e especial, onde revelação geral é a forma pela qual Deus se dá a conhecer ao homem por meio da criação, preservação e governo do universo e tudo o que há nele[21]. Vamos enfatizar que a revelação geral de Deus aponta para o próprio Deus, não simplesmente para

---

[19] *The Concise Oxford Dictionary of Current English.* 4th ed.: Oxford: Clarendon Press, 1954. É a edição normalmente em uso por mim.

[20] J. O. Buswell. *A Systematic Theology of the Christian Religion, I.* Grand Rapids: Zondervan, 1962. p. 183.

[21] *Belgic Confession Article II*; in Philip Schaff. *The Evangelical Protestant Creeds.* Vol. III. "The Creeds of Christendom". 6th ed. reprint: Grand Rapids: Baker Book House, 1966. p. 384.

sua obra[22]. Não é uma revelação redentiva, estando disponível para todos os homens e, portanto, deixa todos eles sujeitos à ira divina, uma vez que o homem é incapaz de adorar e servir a Deus. A revelação geral não traz qualquer indicação do caminho de salvação para os homens. O homem só pode chegar a um entendimento salvífico quando o Espírito Santo o guia através da revelação mais completa das Escrituras[23]. Os dons do Espírito Santo não costumam ser considerados como uma parte especial da revelação geral de Deus e certamente também não serão considerados como conectados à revelação geral nos argumentos aqui considerados. Por isso, a revelação geral não será discutida neste estudo.

A revelação especial, por outro lado, é mais completa. Não só explica o que está diante dos homens, como também dá a conhecer o caminho da salvação em Jesus Cristo[24]. A encarnação de Cristo foi a mais proeminente parte desta revelação. Tal revelação inclui os meios milagrosos pelos quais Deus se deu a conhecer, especialmente, mas não limitado, no chamado e direção do destino do povo de Israel até culminar na manifestação final da salvação em Cristo. Assim se verá que alguns dos dons do Espírito Santo integram a revelação especial. A revelação especial inclui todas as palavras que Deus falou com e por meio dos profetas. Isso inclui a Bíblia, a revelação normativa de Deus para todos os homens e todos os tempos. Nela pode ser vista que a revelação especial é a manifestação do próprio Deus através da palavra escrita que estabelece claramente a natureza dele à medida em que o revela

---

[22] G.C. Berkouwer *General Revelation*. trans. n.n. Grand Rapids: Eerdmans, 1968. p. 289. Berkouwer disponibiliza um brilhante estudo de vários entendimentos acerca da revelação e seus problemas.

[23] Berkouwer. *General Revelation*. p. 147-148.

[24] CFW I:1.

ao homem e declara o caminho da salvação, a obra de Deus, o propósito de estabelecer o seu reino e que define os deveres que o Senhor requer do homem. Contrastando com a revelação geral, a revelação especial tem caráter essencialmente redentivo.

Por conseguinte, inspiração está relacionada com a revelação, muito embora não sejam coisas idênticas. A revelação envolve a transmissão de conhecimento ao homem por Deus, enquanto a inspiração refere-se à obra do Espírito Santo "... que levou os escritores das Escrituras para falarem acerca do Verbo de Deus, de forma infalível e inerrante"[25]. A revelação recebida pode ser distorcida e mal utilizada a menos que seja lançada luz pela inspiração do Espírito Santo. De modo amplo, a inspiração pode ser considerada como um modo de revelação, mas nesse estudo as palavras serão regidas pelo estrito sentido indicado acima.

Nossa abordagem iniciará com uma discussão sobre os dons do Espírito Santo, seguida por uma investigação do cânon bíblico e seus fundamentos. Estes dois temas são reunidos em uma exposição das várias formas de argumento que o fechamento do cânon implica em que os dons extraordinários não são mais concedidos. O quarto capítulo demonstrará que a revelação especial nunca se limitou ao que está na Bíblia, enquanto o quinto e sexto capítulos avaliarão os argumentos esposados no terceiro, demonstrando que estes falham em provar que o Espírito Santo parou de conceder os dons extraordinários tal como descritos na Bíblia. Os capítulos de sete a nove apresentarão evidências para crença de que alguns desses dons continuam sendo concedidos e propor um padrão bíblico para lidar com aqueles que afirmam possuí-los.

---

[25] Buswell, p. 184. Veja também Charles Hodge, *Systematic Theology, I*. London: James Clarke & Co., 1960. p. 155.

1 Os Dons do Espírito Santo

Em sua autorrevelação Deus deu a conhecer aos homens uma variedade notável de talentos que podem ser descritos como dons do Espírito Santo. O Novo Testamento sozinho registra uma variedade de, no mínimo, vinte e cinco dons espirituais[26], afora outros tantos que ilustram as páginas do Antigo Testamento[27]. Estes dons podem ser dispostos em vários padrões, um dos quais é a divisão em ordinários e extraordinários:

> Dons ordinários e extraordinários são igualmente carismas cristãos, mas isso não significa que não

---

[26] Veja a tabela 1 no final do capítulo para uma listagem organizada que demonstra serem parciais as várias listagens de dons, sugerindo ainda que muitos outros podem ser relacionados. A lista dos dons aqui constantes e no corpo do estudo fundamenta-se em Klaas Runia. *The Gifts of the Holy Spirit*. Reformed Theological Review, XXIX. September -December, 1970. p. 85.

[27] *e.g.* Interpretação de sonhos (Gn 40.1-41); Sabedoria (senso de negócios) (Gn 41.37); Sabedoria, entendimento, conhecimento (Êx 31.1; 35-31); Profecia (Nm 11.25). [note que em alguns momentos eles profetizaram uma única vez, enquanto que em outros momentos se manifestou como um dom contínuo]; força física (Jz 13-15). Essa amostragem de dons do Espírito Santo no Antigo Testamento foi retirada de um estudo feito pelo Rev. John Mitchell, em *The Holy Spirit in the Old Testament*. (Studies given at Trinity Ortodox Presbyterian Church, Hatboro, PA.: December 2,9,16,23,1973).

haja qualquer diferença entre dons perpétuos e temporários, entre os popularmente chamados dons naturais e dons miraculosos[28].

Esta citação, que representa a tradicional visão reformada para os dons do Espírito, abre o caminho para o nosso estudo. Diante de óbvias razões a serem dadas, uma divisão alternativa em dons de revelação e não revelacionais será proposta. No entanto, antes de discutir esses dons sobrenaturais, é importante examinar rapidamente os talentos naturais do homem com os quais, muitas vezes, dons sobrenaturais são confundidos.

Talentos naturais não são dons espirituais

Talentos naturais são aquelas habilidades concedidas por Deus por meio da hereditariedade e treinamento. E neste caso, tanto cristãos quanto não cristãos têm talentos específicos como parte de sua herança genética, oriundos de sua hereditariedade.

Através do estudo e treino esses talentos podem se desenvolver em maior ou menor grau. Um bom exemplo de talento natural que podemos trazer ao enfoque refere-se à força de Golias. Nascido em uma família de gigantes, cresceu em força tanto quanto em tamanho. Sua força natural foi parte de sua identidade física e ela não falhou até o dia em que morreu. Talentos naturais não se confundem com os dons do Espírito, objeto deste nosso estudo.

---

[28] Rowland S. Ward. *Spiritual Gifts in the Apostolic Church*. Prahran, Victoria, Australia: [n.n.], 1972. p. 8.

Dons sobrenaturais do Espírito

Os dons do Espírito, por outro lado, não são naturais, mas essencialmente sobrenaturais. Normalmente são concedidos apenas aos cristãos e surgem repentinamente, já totalmente desenvolvidos. A força de Sansão é um bom exemplo de dom sobrenatural e se opõe à força de Golias. Esta é uma ilustração que demonstra a distinção existente entre talentos naturais e dons sobrenaturais do Espírito. A força de Sansão não tem nada a ver com identidade genética, mas sim com o seu chamado por Deus para ser um nazireu (Jz 13.5; 16.17). Essa força vinha quando o Espírito Santo também estava sobre ele (Jz 14.6-9; 15.14) e desapareceu quando o Senhor se apartou de Sansão (Jz 16.18). O mesmo é igualmente evidente em outros lugares e exemplos. Não há qualquer razão para crer, por exemplo, que alguém recebe o dom de línguas de forma inata e que a habilidade para falar foi posta em prática ao receber o Espírito Santo. As manifestações do Espírito foram vistas definitivamente como algo novo na vida dos indivíduos.

Distinção tradicional (ordinário e extraordinário)

A relevância da distinção feita entre os talentos naturais e os dons sobrenaturais se torna mais clara a partir da tradicional divisão dos dons em sobrenaturais do Espírito Santo de um lado, e ordinários de outro. Mas é importante frisar que os dons ordinários ainda são dons sobrenaturais. São aqueles dons que não se manifestam externamente como algo além do domínio da lei natural, tais como os dons de ensino, exortação, o dom de ser um pastor, de administração, diaconato e serviços, misericórdia, o dom de ofertar liberalmente e, talvez, o dom do martírio (1 Co 13.3).

Para estabelecermos uma teologia saudável é essencial lembrar que os dons ordinários não são naturais, mas sobrenaturais. O dom espiritual de ensinar, por exemplo, não é simplesmente uma habilidade natural ou cultivada, mas um dom sobrenatural que permite que uma pessoa, pelo poder do Espírito Santo, comunique de forma eficaz verdades espirituais. Um cristão com um talento natural para o ensino, uma ótima qualificação e sucesso acadêmico pode não ter um dom de ensino[29]. Todo seu talento e conhecimento não serão capazes de transmitir as verdades da fé cristã que alguém menos talentoso, mas que tem o dom, pode transmitir[30].

Os dons ordinários, amplamente listados acima, geralmente são cridos como contínuos na igreja. Diferentes escritores incluem diferentes dons em suas listagens, mas todos concordam que estes dons têm sido vistos em homens desde a Igreja de Pentecostes até os dias de hoje[31].

---

[29] Por outro lado, estes que possuem um dom espiritual para o ensino (mas não sempre – considere Moisés como exemplo) tem também um talento natural para o ensino.

[30] Ray C. Stedman. *Body Life*. Glendale, Cal.: Regal Books, 1972. p. 51-58. Veja também, D. L. Gelpi. *Pentecostalism*. New York: Paulist Press, 1971. p. 165 ss.

[31] Gelpi, *Pentecostalism*. New York: Paulist Press, 1971. p. 165 ss. Westminster Standards, pp. 172-4, 176; Inst. IV:iii:8; J. F. Walvoord. *The Holy Spirit*. Wheaton, Ill.: Van Kampen Press, 1954. p. 168; D. W. Burdick. *Tongues: To Speak or Not to Speak*. Chicago: Moody Press, 1972. p. 39. Muitas das evidências para essas declarações foram encontradas nas implicações dos estudos do governo da igreja. cf. L. Berkhof, *Systematic Theology*. 4th ed.: Grand Rapids: Eerdmans. 1972. p. 584-602, onde os ofícios ministeriais apoiados pelos dons extraordinários são descritos como tendo cessado, enquanto os outros ofícios

Destarte, os dons extraordinários do Espírito se diferenciam dos dons ordinários pelo fato de que aqueles são dons sobrenaturais com visibilidade que transcende as leis naturais. Isso fica claro na definição de Hodge, ao dizer que milagres são

> (...) eventos cujas características distintivas são, primeiro, a manifestação no mundo exterior, ou seja, na esfera da observação dos sentidos. Em segundo lugar, que sejam produzidos ou causados pela simples vontade de Deus, sem a intervenção de qualquer causa subordinada. Para esta classe pertence o ato original da criação em que toda cooperação de causas secundárias era impossível. Nessa mesma classe enquadram-se todos os eventos verdadeiramente miraculosos. Um milagre, portanto, pode ser definido como um evento do mundo externo provocado pela eficiência imediata e pela simples vontade de Deus.[32]

De modo similar, John Stott escreve acerca da profecia: "O que é o profeta? O Antigo Testamento o reconhece como a boca direta de Deus [...] O profeta foi a boca de Deus por meio da qual Deus falou suas palavras ao homem"[33]. Os dons referentes a uma atividade direta do Senhor, de forma tão admirável, inclui, no mínimo, línguas, interpretação de línguas, milagres, cura, exorcismo, profecia, dom do apostolado e discernimento de espíritos. Muitos outros dons são classificados como ordinários ou extraordinários por diferentes escritores. Como

---

permanecem. Não há qualquer menção explícita à continuação dos dons ordinários, no entanto esta é repetida implicitamente.

[32] Charles Hodge. *Systematic Theology*, I. London: James Clarke & Co., 1960, p. 618.
[33] John Stott. *The Preacher's Portrait*. London: Tyndale Press, 1967, p. 9-10.

se tem notado, um exame hermético da natureza individual dos dons ou uma precisa discriminação entre ordinários e extraordinários não é importante para este estudo. Os dons extraordinários podem ser tratados como uma classe única por causa daqueles que reivindicam a cessação de todos eles, como regra, pela mesma razão.

Proposta de novas categorias (dons de revelação e não-revelacionais)

A proposta de categorias dos dons espirituais entre dons de revelação e dons não-revelacionais esclarecerá as razões pelas quais alguns afirmam a cessação dos dons extraordinários. Um dom de revelação é aquele pelo qual Deus dá uma revelação, portanto, a profecia poderia ser considerada um dom de revelação, mas ordinariamente a pregação não poderia, pois a pregação não traz uma revelação, apenas explica a revelação que foi dada nas Escrituras[34]. Os dons de revelação incluem a maioria, senão todos aqueles considerados extraordinários e talvez alguns dos considerados ordinários. Não é necessário determinar exatamente quais são os dons de revelação e talvez seja até impossível fazê-lo.

A importância de cunhar um novo termo, que não é muito diferente em seu conteúdo do antigo, é o que guiará a discussão no caminho correto. A ideia dos dons extraordinários

---

[34] Stott, *Preachers Portrait*, p. 10.

levanta questões tais como a obra de regeneração da parte do Espírito, que muito dificilmente pode ser considerada ordinária. Em resumo, qualquer dom do Espírito Santo pode ser considerado em alguma medida extraordinário. No entanto, nem todos os dons dão revelação de Deus aos olhos do homem e é esta nova revelação que se torna uma séria questão na discussão dos dons espirituais.

Há muito se tem demonstrado claramente a conexão entre os milagres e a revelação de Deus ao homem[35]. Por exemplo, a conexão do dom de línguas à profecia e consequentemente à revelação, é delineada por Paulo em 1Co 14.5 onde aquelas línguas interpretadas são igualadas à profecia. O real problema da igreja em nossos dias não é se as línguas cessaram ou não. Na verdade, não é nem mesmo saber se a profecia cessou ou não. Walter Chantry tem discernido o problema real:

> A evidência bíblica nos obriga a alterar nossas perguntas. Não podemos simplesmente perguntar "Deveriam os homens fazer milagres na igreja?"; O correto é perguntar: "Deve haver profetas na igreja hoje? Deve o homem nos entregar revelações divinas? Certamente esperamos que os homens preguem a palavra revelada aos apóstolos e profetas, mas será que estamos buscando outras revelações em nossos dias?"[36]

A revelação especial cessou, ou Deus ainda concede dons de revelação hoje?

---

[35] *e.g.* B. B. Warfield. *Miracles, Yesterday and Today, True and False*. Grand Rapids: Eerdmans, 1953. p. 25-6.

[36] Walter Chantry. *Signs of the Apostles*. Edinburgh: Banner of Truth Trust, 1973. p. 26. Publicado no Brasil pela editora PES, 1996, p. 29-30.

Propósitos dos dons de revelação

Uma resposta adequada a essa pergunta depende primeiro de discernir os propósitos para os quais Deus transmitiu dons de revelação à sua igreja. Todavia, os argumentos sobre os dons de revelação são tão intimamente ligados à esta pergunta concernente ao propósito dos mesmos, que seria um exercício supérfluo discutir separadamente a questão dos propósitos desses dons. O que será feito neste ponto é expor cinco propósitos básicos que são reivindicados, com discussão suficiente para formar o pano de fundo às detalhadas discussões dos capítulos três e cinco.

O primeiro propósito que tem sido tradicionalmente apontado para os dons de revelação é a autenticação dos escritores bíblicos como agentes especiais de Deus, a exemplo dos apóstolos e profetas[37]. É fato que desde os tempos de Hume, a validade dessa autenticação tem sido fortemente questionada. Hume e seus seguidores negaram a possibilidade de se reconhecer a existência de um milagre e muito menos reconhecer o seu valor probatório. Tennant expressa que esse é o posicionamento cristão comum atualmente:

> As conclusões a que cheguei têm influência sobre esta questão. Se eles ainda estão convictos da impossibilidade de um milagre ser filosoficamente aceitável e um dogma cientificamente infundado, ao mesmo tempo acaba por reconhecer que o alegado milagre é desprovido de qualquer valor

---

[37] Warfield, *Miracles*, p. 21; Loraine Boettner, Studies in Theology, 11th ed.: Nutley, N.J.: Presbyterian and Reformed Publishing Co., 1973. p. 51; Burdick, p. 31; Hodge, I, p. 636.

probatório. O cristianismo não pressupõe os milagres cristãos; os milagres pressupõem o cristianismo; muito embora eles não estejam necessariamente ligados ao cristianismo[38].

Antes de Hume, a visão geral era de que os milagres e outros dons de revelação eram evidências de que determinada mensagem provinha de Deus. Trata-se de um evidente contraste com a visão atual que apenas aceita a possibilidade de tais acontecimentos miraculosos porque alguém já acredita em Deus? Certamente há uma porção de verdade neste posicionamento. Cressey escreveu que

> constantemente Jesus se recusou a dar um sinal do céu ou fazer sinais e maravilhas inúteis e espetaculares para simplesmente garantir o ensino... Ademais, a habilidade de fazer maravilhas não daria tal garantia. Há referências frequentes na Escritura de que mesmo aqueles que se opunham à obra de Deus, se maravilhavam (Dt 13.2,3; Mt 7.22; 24.24; 2Ts 2.9; Ap 13.13, 16.14,19.20). A recusa em fazer maravilhas como um fim em si, nitidamente separam as estórias de milagres bíblicos do âmbito geral do *Wundergeschichten* (história dos milagres).[39]

No entanto, há também muitas passagens bíblicas em que Deus afirma ter prazer em usar dons de revelação como sinais

---

[38] F. R. Tennant. *Miracle and its Philosophical Presuppositions*. Cambridge University Press, 1925. pp. 93-94; Veja também J. S. Lawton. *Miracles and Revelation*. New York: Association Press, 1960. p. 77-78.
[39] M. H. Cressey *"Miracles", The New Bible Dictionary*. ed. J. D. Douglas. Grand Rapids: Eerdmans, 1970. p. 829.

que autenticam seus mensageiros. A passagem em questão, Marcos 16.20, seja verdadeira ou não, dá uma boa indicação teológica desta verdade *"E eles, tendo partido, pregaram por todas as partes, cooperando com eles o Senhor, e confirmando a palavra com os sinais que se seguiram".* Maravilhas podem não ser evidências em si mesmas, mas quando Deus se utiliza delas, ele assim o faz para confirmar sua palavra. O texto de Hebreus 2.3-4 faz essa mesma reivindicação e algumas outras passagens confirmam-na (1Co 14.22; At 2.22, 43; 4.30; 14.3 *et al*), em resumo, apontando claramente que um dos propósitos dos dons de revelação é autenticar os mensageiros de Deus.

Um segundo propósito para esses dons é trazido a lume em uma referência particular à glossolalia – que serve como sinal para chamar os homens a escolherem estar a favor ou contra Deus:

> O Evangelho, como um todo, ou é cheiro de vida para a vida ou cheiro de morte para a morte e isso depende do fato de ser ele aceito ou rejeitado por aqueles que o ouvem. Aquilo que é verdadeiro na totalidade também é verdadeiro em partes. O falar em línguas é um sinal confirmatório e também condenatório. Isso leva a que alguns reconheçam o poder de Deus no meio do seu povo e venham a crer, enquanto sobre outros não é exercido qualquer efeito transformador. Para este último grupo é que a escrita na parede de Belsazar era blasfema e sinal de iminente julgamento para ele e seus amigos[40].

---

[40] Carl Brumback. *What Meaneth This?* Springfield, Mo.: The Gospel Publishing House, 1947. p. 334.

Muitos têm enfatizado o aspecto dos propósitos dos dons e declarado que eles foram, de modo particular, um sinal de condenação para Israel, tomando nota especial do contexto de Isaías 28.11-12[41]. Às vezes tem sido sustentado ser esse o exclusivo propósito para os dons. Um terceiro propósito – os sinais da obra salvífica de Deus na vida do crente – tem sido tão enfatizado pelo pentecostalismo clássico e faz parecer que aqueles que não receberam tais dons são cristãos de segunda classe. Apesar dessa ênfase excessiva, o comentário de Stonehouse não pode ser rejeitado:

> Os dons externos, além disso, servem ao propósito de proporcionar evidências de que a salvação de Deus se operou. Assim é que Pedro se refere ao trabalho extraordinário do Espírito Santo entre os gentios: "para os gentios, Deus também concedeu arrependimento para vida"[42]

No entanto, os dons de revelação são mais que apenas sinais e evidências. Eles são mais que isso por que realmente transmitem revelações[43]. Esse é o quarto propósito para eles. Assim Buswell escreveu sobre o assunto afirmando que "o propósito dos milagres é a revelação e edificação"[44]. Tal conceito está alinhado com a definição dos dons de revelação apontada acima. Finalmente, "é requerido que todos eles sejam exer-

---

[41] W. H. G. Thomas. *The Holy Spirit of God*. Chicago: The Bible Institute Colportage Ass'n, [n.d.]. p. 48ss.; G. G. Omerly. *Glossolalia in First Corinthians Fourteen*, Tese de mestrado não publicada: Philadelphia: Westminster Theological Seminary, 1971. p. 37; e outros.

[42] N. B. Stonehouse. *Repentance, Baptism and the Gift of the Holy Spirit*. The Westminster Theological Journal, XIII. Nov., 1950. p. 16.

[43] F. R. Tennant. *Miracle*, pp. 78-9; Merrill C. Tenney. *The Meaning of the Word*, The Bible - The Living Word of Revelation, ed. Merrill C. Tenney. Grand Rapids: Zondervan, 1968. p. 19.

[44] J. O. Buswell. *A Systematic Theology of the Christian Religion*, I. Grand Rapids: Zondervan, 1962. 199.

citados para a edificação da igreja; é feita entre os dons uma distinção em importância com base na edificação que podem proporcionar"[45].

Para Warfield, este foi um propósito secundário, porquanto o primário seria a autenticação dos apóstolos. Contudo, outros mantêm que o propósito principal dos dons do Espírito Santo foi a edificação[46]. De qualquer forma, é nítido que a edificação está intimamente ligada aos dons espirituais e, conforme se verá adiante, é sem dúvidas um de seus propósitos mais importantes.

Cinco propósitos foram atribuídos a esses dons de revelação: (1) serem os selos dos mensageiros de Deus; (2) funcionar como um sinal do chamado do homem para escolher estar a favor ou contra Deus; (3) para ser sinal do novo nascimento; (4) para dar a revelação e (5) para edificar a Igreja. Nem todos estes propósitos estarão presentes em todas as manifestações dos dons, mas cada um deles aparecerá em algum ponto do registro escriturístico.

As principais divisões dos dons na tabela a seguir (Tabela 1), seguem a ordem dada em 1Coríntios 12.28-31, parecendo ser a única passagem onde a ordem em que os dons são listados, é significativa. Dons relacionados listados em outras passagens foram agrupados segundo a avaliação do escritor da melhor associação que eles têm um com o outro. Alguns estão em dois lugares com um ponto de interrogação para indicar incerteza.

A SEGUIR: TABELA I:
DONS DO ESPÍRITO SANTO[47]

---

[45] Warfield, *Miracles*, p. 21.

[46] W. G. Putnam. *Spiritual Gifts*. New Bible Dictionary. p. 1212.

[47] A intenção dessa lista não é ser uma exaustiva coleção de dons do Espírito Santo no Novo Testamento, mas indicar que não há uma lista com esta qualificação. Nenhuma consideração foi traçada atinente aos dons listados unicamente no Antigo Testamento.

	1Coríntios 12.28-31	1Coríntios 12.8-11	1Coríntios 13.1-3	1Coríntios 13.8	Romanos 12.6-8	Efésios 4.11-12	Outras passagens	
1	Apóstolos					Apóstolos	Apóstolos	1
2	Profetas	Profecia	Profecia	Profecias	Profecia	Profetas	Profetas	2
		Palavra de sabedoria?	Saber os mistérios?					3
		Palavra de conhecimento?	Ter o conhecimento?	Conhecimento				4
		Discernimento de espíritos						5
								6
3	Mestres	Palavra de conhecimento?	Ter conhecimento?	Conhecimento	Ensino	Evangelistas	Evangelistas	7
		Palavra de sabedoria			Exortação	Pastores		8
						Mestres		9
							Exortação	10
4	Milagres	Fé	Fé para milagres					11
		Exorcismo					Milagres	12
								13
5	Dons de curar, ajuda e assistência	Dons de curar	Doação dos bens		Serviço, diaconato		Curas	14
					Contribuição, compartilhamento		Diáconos	15
								16
			Martírio (?)					17
	Governos				Dom de misericórdia		Martírio (?)	18
	Variedades de línguas	Variedades de línguas	Língua de homens e anjos	Línguas			Governo	19
					Governo		Línguas	20
	Interpretação	Interpretação					Interpretação	21

2 O cânon das Escrituras

Bases da Canonicidade

A finalização das Escrituras do Antigo e Novo Testamentos implica na cessação dos dons extraordinários? Antes que essa questão seja respondida, o significado da completação das Escrituras deve ser necessariamente investigado. Qual a base da inclusão de um livro específico no cânon das Escrituras? Porque o cristianismo ortodoxo acredita que o cânon está fechado? Considerações atinentes a essas questões proveem a base para os argumentos seguintes.

A questão da canonicidade será primeiramente analisada à luz de todo o conceito de cânon, das conclusões delineadas pela Igreja Católica Romana, pelos Reformadores, pela escola da crítica moderna e pelos atuais professores Reformados.

Ao discutir sobre o cânon, precisamos considerar não apenas o significado da palavra "cânon", mas também a forma como uma revelação em particular passa a integrá-lo e a evidência pela qual se reconhecem as revelações canônicas. Ao fazer isso, deve-se tomar cuidado a fim de evitar uma ênfase falsa. Com efeito, quem tem a Bíblia como fundamento da sua teologia deve estar habilitado a demonstrar as razões para sua pressuposição, bem como demonstrar a relação da Bíblia com a autoridade de Deus. No entanto, esta consideração racional nunca é a base da confissão do cristão, porquanto somente o testemunho do Espírito Santo pode constranger uma pessoa a crer na Bíblia como palavra de Deus[48], embora uma compreensão racional do conceito de cânon é esperada.

O conceito de cânon

Em primeiro lugar devemos responder a questão que se relaciona com o significado da palavra cânon. Cânon seria uma regra de fé normativa ou simplesmente uma lista autoritativa? Ambas respostas são consideradas. Ridderbos escreveu que o uso formal da palavra significa "uma lista estabelecida", mas ele passou a sustentar que um uso mais amplo significa uma regra ou norma[49]. Caminhando na contramão, Buswell insistiu que o uso da palavra cânon como equivalente a lista de livros é imprópria porque a "palavra 'cânon' significa literalmente 'régua'. Esta representa uma haste pela qual todas as coisas foram mantidas fincadamente retas..."[50]. Assim ele considerou que

---

[48] Abraham Kuyper. *Principles of Sacred Theology*. trans. J. H. de. Vries. Grand Rapids: Eerdmans, 1968. p. 388.
[49] Herman Ridderbos. *The Canon of the New Testament, Revelation and the Bible*. ed. Carl F. H. Henry. Grand Rapids: Baker Book House, 1958. p. 189.
[50] J. O. Buswell. *A Systematic Theology of the Christian Religion, I* .Grand Rapids: Zondervan Publishing House, 1962. 193.

a canonicidade da Bíblia é a qualidade ou característica das Escrituras pela qual ela é nossa regra de fé e prática e infalível palavra de Deus. Assim, canonicidade é o equivalente a autoridade. A divina autoridade das Escrituras[51]

Cânon, portanto, combina claramente os dois conceitos, isto é, tanto "lista" quanto "régua". A régua é provavelmente o conceito geral primário, enquanto o uso especializado mais estreito enfatizou a ideia de lista.

A ideia de um cânon como a régua de Deus fez nascer o questionamento sobre "o que caracteriza certos escritos como canônicos?" A resposta mais facilmente dada é que a inspiração divina é o fundamento[52]. A regra autoritativa pode simplesmente repousar sobre a autoridade de Deus. No entanto, a situação é complicada quando se indaga sobre como reconhecer o cânon: como determinar quais das muitas tradições, escritos e eventos têm *status* canônico, é parte da lista de Deus, a regra divina para a fé e obras? Essas questões suscitadas perante a igreja durante a história têm ganhado novas forças em nossos dias pelo desenvolvimento do criticismo destrutivo e pela ascensão do pentecostalismo.

A posição do catolicismo romano

Muitas vezes os protestantes são enganados pela ficção de que a autoridade da Igreja Católica Romana constituiu

---

[51] Buswell, p. 194.
[52] R. L. Harris *Inspiration and Canonicity of the Bible*. Grand Rapids: Zondervan Publishing House, 1957. p. 133; Ridderbos, *Canon*, p. 190.

livros específicos como canônicos. O Concílio Vaticano de 1870 negou explicitamente isso afirmando que as Escrituras foram consideradas sagradas e canônicas porque "...foram escritas por inspiração do Espírito Santo, tem Deus por seu autor e foram entregues, como tal, à própria igreja"[53]. Harris afirmou que até mesmo católicos romanos frequentemente se esquecem disso. De acordo com os pronunciamentos oficiais, o máximo que se pode dizer é que a Igreja de Roma fez conhecido quais livros são canônicos[54]. Para o católico romano, a questão concernente à identificação dos escritos canônicos é simplesmente respondida com um "a igreja afirmou oficialmente que eles o são"[55]. Enquanto a base da canonicidade é a autoridade de Deus, os livros canônicos são reconhecidos a partir de uma lista oficial promulgada pelo Concílio de Trento, incluindo os sessenta e seis livros ordinariamente reconhecidos pela Igreja Cristã, acrescidos dos sete livros apócrifos[56].

Assim, a Igreja Católica Romana ensina que o cânon consiste de uma lista fechada de setenta e três livros. Contudo, isto não leva a um argumento contra a continuação dos dons de revelação do Espírito porque a Igreja de Roma não crê que a revelação está confinada nas Escrituras canônicas. Os livros da Bíblia não são canônicos "...simplesmente porque contém revelação sem mistura com o erro[57]. Há outras fontes de revelação, outras fontes autoritativas na tradição da igreja"... preservada na

---

[53] *"The Dogmatic Decrees of the Vatican Council concerning the Catholic Faith and the Church of Christ. A.D. 1870: Dogmatic Constitution on the Catholic Faith, Chapter II,"* in Philip Schaff. *The Greek and Latin Creeds, Vol. 2 of The Creeds of Christendom.* 6th ed. Reprint. Grand Rapids: Baker Book House, [1966]), p. 242.

[54] Harris, p. 275.

[55] Harris, p. 275.

[56] *The Canons and Dogmatic Decrees of the Council of Trent.* Fourth Session. April 8, 1546", Schaff, vol. 2, pp. 80-82.

[57] Vatican I, Ch. 2, in Schaff, Vol. 2, p. 242.

Igreja Católica por uma sucessão contínua."⁵⁸ Neste sentido, o fechamento do cânon não representa nenhum problema para o Pentecostalismo Católico porque a Igreja Católica Romana sempre admitiu milagres extra canônicos, curas e o exercício de outros dons de revelação em sua tradição dos santos⁵⁹.

A Igreja Católica Romana agarra-se a um cânon estabelecido na autoridade de Deus, mas que não é a única manifestação da vontade de Deus ao homem. A Igreja, em sua estrutura formal, serve como a pedra de toque da verdade, com poderes para identificar e interpretar a revelação de Deus.

Resposta para o período da Reforma

No tempo da Reforma, a questão da autoridade em matéria da fé cristã foi uma preocupação central e assim todo o assunto concernente ao cânon passou a ser repetidamente discutido. Esse interesse foi fomentado tanto pelo aumento dos interesses literários e estudos da Renascença, quanto pelo conflito entre Roma e os Protestantes em razão dos livros apócrifos. Uma rápida olhada sobre as quatro principais figuras dará um panorama acerca das preocupações da época.

O Cardeal Caetano [Cajetan] serve para demonstrar que até na hierarquia tradicional da igreja a matéria foi objeto de discussões até sua pacificação em Trento. Caetano foi um crítico

---

⁵⁸ Trento, Sessão 4, in Schaff, Vol. 2, p. 80; veja também Kuyper, *Principles*, p. 354.
⁵⁹ Vincent Walsh. Entrevista pessoal em 21 de Janeiro de 1974; veja também Kilian McDonnell. *Catholic Pentecostalism*. Dialog, IX. Winter, 1970. p. 48. Padre Walsh é um dirigente da Arquidiocese de Filadélfia, e um líder do Movimento de Renovação Carismática em sua área.

acadêmico humanista para quem a base da canonicidade era a autoridade apostólica. Porém, negou a autoridade dos livros que considerou como não sendo apostólicos (Hebreus, Tiago e provavelmente Judas, 2ª e 3ª João). Ele também estava comprometido com a interpretação literal das Escrituras, o que fez com o que o livro de Apocalipse se tornasse um problema, uma vez que este nem sempre pode ser assim interpretado[60].

Erasmo também falou como um crítico de dentro da Igreja Católica Romana. Parker o descreveu como sendo literariamente crítico, mas teologicamente tímido. Erasmo negou a autoria apostólica dos livros de Hebreus, Apocalipse, 2ª e 3ª João e foi dúbio quanto ao livro de Tiago, Judas e 2Pedro. Embora não tenha encontrado motivação nisto para reconhecê-los como canônicos. Erasmo, por sua vez, adicionou um teste teológico ao teste literário-histórico e assim os manteve como livros adequadamente espirituais[61]. Parker similarmente observou que ele rejeitou alguns livros do Velho Testamento que careciam de espiritualidade.

Quanto a Lutero, estudiosos modernos têm visto uma abordagem diferente. De acordo com Brunner, o monge se afastou da ideia de lista para a ideia de regra. Ele alegou que Lutero

> ...fez uma distinção entre Escrituras que eram canônicas e aquelas que não eram (não no sentido de estar ou não no cânon, mas no sentido de possuir alguma obrigatoriedade ou não). Seu delicado senso de verdade não permitiu que ignorasse o fato de que algumas partes das Escrituras

---

[60] T. H. L. Parker *Calvin's New Testament Commentaries*. Grand Rapids: Eerdmans, 1971. p. 70.
[61] Parker, p. 69-70

continham muito mais qualidade de revelação do que outras...[62]

Brunner corretamente observou que Lutero se sentiu forçado a desafiar a canonicidade de alguns livros da lista tradicional. No entanto, a interpretação de Brunner trai seus próprios pensamentos e pressupostos ao invés dos de Lutero. Lutero certamente questionou quais dos livros eram canônicos (que tinham sua origem em Deus), mas jamais aceitou a ideia de que um livro pudesse ser canônico enquanto concomitantemente não fosse autoritativo. Aqueles que eram canônicos foram aceitos como absolutamente obrigatórios[63]. Para Lutero, o teste teológico foi dominante no exame de sua canonicidade. Ele é bem conhecido por ter chamado Tiago de epístola de palha. Sua principal preocupação era se um livro proclamou ou não a Cristo, dizendo:

> Essa é a pedra de toque pela qual todos os livros podem ser testados, ver se proclama a Cristo ou não, uma vez que toda a Escritura testemunha Cristo e São Paulo afirma que nada além de Cristo pode salvar. Tudo o que não ensina sobre Cristo não é apostólico, ainda que tenha sido ensinado por São Pedro ou São Paulo[64].

---

[62] H. E. Brunner. *The Christian Doctrine of God.* Trans. Olive Wyon. Vol. I. Dogmatics. Philadelphia: Westminster Press, 1950. p. 109-110.

[63] Esse posicionamento acerca da autoridade das Escrituras foi defendido por John Warwick Montgomery na Conferência Ligonier em 21 de Outubro de 1973; Como foi reportado por John Frame para o corpo de estudantes do Westminster Theological Seminary, Philadelphia em 1 de novembro de 1973. Veja também N.B. Stonehouse, *Paul Before the Areopagus*. Grand Rapids: Eerdmans, p.195.

[64] Citado em Brunner, p. 110, "Prefácio de Lutero a Tiago".

Parker aceitou isso como um sinal de boas vindas de que o cânon não era uma lei estática e resolvida, mas um reconhecimento da vida espiritual da Palavra de Deus.[65] Talvez a mais correta observação tenha sido de Ridderbos de que a Reforma rejeitou a crença da autoridade da igreja para estabelecer o cânon e que a autenticidade da Palavra de Deus dependia da evidência das Escrituras combinada com o testemunho interno do Espírito Santo[66]. Em que pese essa positiva avaliação, a visão de Lutero precisa de maior equilíbrio para evitar a subjetividade que permite interpretações tais como as de Brunner e Parker.

Como Lutero, Calvino rejeitou a ideia de que a igreja possuía autoridade para definir o que era canônico. As Escrituras canônicas repousam na autoridade de Deus e nos foram entregues pelo ministério dos apóstolos e profetas. Uma vez que a igreja é construída sobre o fundamento dos apóstolos e profetas, fica claro que seus escritos fundantes a antecedem. "Assim, enquanto a igreja recebe e dá o selo da aprovação às Escrituras, não implica que possa ela tornar autêntico aquilo que é duvidoso ou controverso"[67]. Embora pareça em "As Institutas" que Calvino admitia apenas escritos apostólicos no cânon do Novo Testamento, as discussões atinentes à autoria em seus comentários mostram que isso não é verdadeiro. De vinte e quatro livros do Novo Testamento comentados por ele, reconheceu que apenas dezoito destes tinham autoria apostólica[68]. Mas o que é o princípio da canonicidade para Calvino? Para ele, um livro é canônico porque deriva de Deus. A autoridade da Bíblia repousa no fato de que a Palavra é de Deus[69]. Essa autoridade

---
[65] Parker, p. 7.
[66] Ridderbos, *Canon*, p. 190.
[67] Inst. I:viii:9.
[68] Parker, p. 72-73.
[69] Inst. IV:viii:9.

pode ser primariamente reconhecida pelo testemunho interno de seu autor, o Espírito Santo[70]. Calvino também reivindicou haver evidências racionais, que embora não estivesse sozinho em nosso mundo caído, seria o suficiente para convencer a razão humana[71]. Assim, ele criou um caminho seguro entre a Cila do repouso do cânon na autoridade humana e o Caríbdis do irracionalismo subjetivo[72].

Em resumo, esses representantes mostram que durante o período da Reforma toda igreja acreditou que a base da canonicidade era a autoria divina. No entanto, houve considerável variação nos meios de discernir o que era canônico. Para a Igreja Católica Romana o teste era a declaração formal da Igreja.

O humanismo renascentista deu origem aos ensaios da crítica literária que estabeleceram a genuína autoria apostólica como um critério para os escritos do Novo Testamento e o reconhecimento apostólico para o cânon do Antigo Testamento. Os Protestantes rejeitaram os apócrifos alegando que estes não faziam parte do cânon judeu aceito por Cristo e seus apóstolos. Entre os que estavam à procura de renovação na igreja, testes espirituais e teológicos foram delineados. Esperava-se que os escritos canônicos fossem suficientemente espirituais para guiar em direção à renovação desejada e que dessem suporte à verdadeira doutrina. Para Lutero, de modo específico, deveria ser verificado se o escrito testemunhava acerca de Jesus Cristo e da justificação por meio da fé somente. Nas igrejas reformadas, a evidência interna e externa foram cuidadosamente examinadas e proclamadas, mas manteve-se que somente o trabalho

---

[70] Inst. I:vii:4,5.
[71] Inst. I:viii; veja CFW 1:5.
[72] Cila é uma rocha perigosa na costa italiana oposta ao redemoinho Caríbdis na costa da Sicília. A passagem entre Cila e Caríbdis antigamente era considerada perigosa: assim, o ditado entre Cila e Caríbdis significa um grande perigo de ambos os lados. [N. do E.].

do Espírito Santo fez com que fosse efetiva a autenticidade e autoridade nos escritos canônicos[73].

Os Protestantes como um todo colocam sua ênfase na ideia do cânon como uma regra implícita. Com poucas exceções radicais, eles reclamam contra a Igreja Católica Romana, que apenas as Escrituras canônicas podem falar infalivelmente com a autoridade de Deus. Todas as declarações e reinvindicações humanas e da igreja devem ser testadas pelos ensinamentos da Bíblia antes de serem aceitas. Em oposição à Roma, essa insistência sobre a autoridade única da Bíblia foi expandida para negar que o Espírito de Deus tenha concedido qualquer nova revelação após o período apostólico e além daquelas constantes de forma permanente na Bíblia. A defesa da autoridade da Escritura contra os clamores de Roma foi um fator histórico significativo no desenvolvimento do argumento contra a continuidade dos dons do Espírito.

Teorias Críticas Modernas

A moderna crítica acadêmica tende a recuar às fortes declarações do período da Reforma acerca do repouso do cânon sobre a autoridade divina e a crença de que os documentos do cânon são puramente o produto de homens espiritualmente conscientes e cujos escritos alcançaram gradualmente autoridade na igreja. Essa teoria modernista não gerou qualquer argumento que negue a continuidade dos dons de revelação, sendo de

---

[73] A mais extrema expressão de ênfase do testemunho do Espírito Santo é visto na Confissão de Fé Francesa de 1559, Artigo 4, *The Evangelical Protestant Creeds*, Vol. 3 of Creeds of Christendom, ([6th ed.]: reprint: Grand Rapids: Baker, 1966), p. 361-362.

especial interesse tão somente para fornecer um contraponto em relação a qual seja a doutrina mais ortodoxa atinente ao cânon. Assim ela só vai ser muito moderadamente esboçada. Nos últimos duzentos anos tem havido uma crescente tendência em rejeitar a crença da autoria divina dos livros por meio de homens inspirados. Ao invés disso, tem sido sustentado que as tradições orais e os escritos primitivos foram posteriormente compilados por editores dando origem ao Antigo Testamento tal como o temos. Ao invés de ser tido como a Palavra autoritativa de Deus, são considerados como "documentos da igreja" que gradualmente passou a gozar da autoridade divina aos olhos das pessoas[74]. No que tange ao Novo Testamento, um processo semelhante tomou seu lugar, embora em um período muito inferior[75]. Essas teorias são frutos da negação da inspiração. A escola crítica nega que as Escrituras são a Palavra de Deus e são obrigados a dar um passo adiante ao indagar "Por quê deveríamos ter um cânon autoritativo?". Há uma crescente tendência de enxergar as Escrituras como um sistema teológico para o cristianismo primitivo, mas que não seria normativo para o homem moderno[76]. Bultmann tomou esse posicionamento referente à história de Jesus, tendo dito que os evangelhos "...não nos dá um relato confiável do que ocorreu; representa apenas a fé da igreja posterior"[77]. De uma forma um pouco menos radical, Brunner se posicionou contra o conceito de revelação verbal:

---

[74] Harris, p. 138-139; R. K. Harrison. *Introduction to the Old Testament*. Grand Rapids: Eerdmans, 1969. p. 3-82.
[75] Donald Guthrie. *New Testament Introduction: The Gospels and Acts*. Chicago: Inter-Varsity Press, 1968. p. 178-189.
[76] Richard Gaffin, Jr. Entrevista pessoal, em 1º de Fevereiro de 1974
[77] H. N. Ridderbos. "Bultmann", trans. D. H. Freeman, *International Library of Philosophy and Theology (Modern Thinkers Series)*. Philadelphia: Presbyterian and Reformed Publishing Co., 1960. p. 11.

Tal como os profetas costumavam dizer "assim diz o Senhor", Jesus disse "mas eu vos digo". O fato de ele mesmo tomar o lugar de orador da palavra é precisamente o que diferencia a revelação veterotestamentária, a revelação por meio da fala, da revelação do Novo Testamento, a revelação em Cristo[78].

A partir deste princípio ele "progrediu" na negação da infalibilidade da Escritura[79]. Isso pode ser facilmente visto como se a Bíblia não fosse uma inerrante e suficiente autoridade em si mesma, a possibilidade de outras revelações não criariam problemas. A partir desse ponto de vista, tal como no catolicismo romano, inexiste dificuldade na continuidade dos dons de revelação, pelo menos em sua conexão com o fechamento da Escritura.

Posicionamentos Modernos dos Reformados

Esta desclassificação da autoridade da Bíblia por estudiosos críticos está em nítido contraste com a atitude contemporânea de eruditos reformados, tais como B.B. Warfield, H.N Ridderbos e Meredith Kline que destacaram os principais pontos da doutrina Reformada acerca do cânon e seu reconhecimento.

---

[78] Brunner, p. 27; veja p. 22-34.
[79] Brunner, p. 81.

A visão de B.B Warfield é muito simples de ser compreendida. A Bíblia é autoritativa pelo fato de haver sido dada por Deus, enquanto a autoridade é reconhecida por meio da ação de mensageiros especiais de Deus, ou seja, os apóstolos. Brunner, por sua vez, propôs que

> O princípio da canonicidade não era a autoria apostólica, mas a imposição pelos apóstolos como "lei"... Que os apóstolos impuseram o Antigo Testamento sobre as igrejas que eles fundaram não pode ser negado por ninguém. E ao impor novos livros nas mesmas igrejas, pela mesma autoridade apostólica, eles não se limitaram aos livros de sua própria composição[80].

Este ponto de vista ressoa nos escritos reformados do último século e meio.[81] Warfield projetou uma investigação histórica a fim de mostrar que todos os livros do Novo Testamento foram reconhecidos como canônicos ainda nos primeiros dias após os apóstolos, embora por mais de dois séculos nem toda a igreja fosse unânime acerca dos livros componentes do cânon.

H. N. Ridderbos desenvolveu o conceito de testemunho apostólico como um padrão objetivo, muito embora tenha notado não ter sido essa a abordagem básica da teologia reformada. A base para o reconhecimento da canonicidade de vários livros foi o testemunho que a Escritura dá de si mesma conjuntamente com o testemunho do Espírito Santo[82]. A igreja

---

[80] Brunner, p. 81.

[81] B. B. Warfield, "The Canon of the New Testament", The Inspiration and Authority of the Bible, ed. Samuel G. Craig. Philadelphia: Presbyterian and Reformed Publishing Co., 1970, p. 415.

[82] Herman Ridderbos. The Authority of the New Testament Scriptures, trans. H. De Jongste, International Library of Philosophy and Theology: Biblical and Theological Series,ed.

não estabeleceu o cânon, mas este estabeleceu a igreja. A atitude da igreja foi de simples reconhecimento da rocha sobre a qual estava fundada[83]. E essa rocha é Cristo:

> Para uma visão mais clara do significado do cânon do Novo Testamento, é de grande relevância notar que a história desse cânon reside na própria história da redenção, isto é, na obra de Deus manifestada na redenção operada por Jesus. Em outras palavras, o cânon tem o significado de um distintivo e autoritativo relatório oficial do que ocorreu "quando o tempo finalmente chegou" e de uma norma objetiva e fixada para a fé e a vida tal como constante na história redentora neotestamentária.[84]

De acordo com Ridderbos, o cânon está fundado em Cristo. A obra salvífica não se limitou às suas palavras e ações, pois aí também resta inclusa a autenticação das testemunhas para a preservação e comunicação da nova revelação em Cristo[85]. Eram os apóstolos que tinham o direito de representar e agir em nome de Cristo[86]. Por sua oficial capacidade, eles falaram com autoridade[87]. A partir desse desenvolvimento, Ridderbos argumentou contra os acadêmicos da escola crítica que afirmam que originalmente toda a autoridade da igreja primitiva

---

J. Marcellus Kik Philadelphia: Presbyterian and Reformed Publishing Co., 1963, p. 10

[83] Ridderbos, *When the Time Had Fully Come*, Pathway Books. Grand Rapids: Eerdmans, 1957, p. 87.

[84] Ridderbos, *Canon*, p. 192.

[85] Ridderbos, *Canon*, p. 195.

[86] Neste estudo nós vamos usar "apóstolo" apenas pra nos referir aos doze apóstolos, incluindo Paulo. Os demais que também foram chamados de apóstolos, com um sentido menos oficial, não serão considerados nos argumentos expostos.

[87] Ridderbos, *When the Time*, p. 82.

repousou sobre homens carismáticos e que gradualmente desenvolveram uma autoridade institucional com a cessação das manifestações carismáticas. Ridderbos retrucou que a obra de Cristo foi feita de uma vez por todas e que sua escolha das testemunhas não é mais repetível do que suas demais obras, ou seja, que "...as operações do Espírito Santo ocorridas na igreja posterior nunca podem ser substituídas ou equiparadas às testemunhas que foram escolhidas de uma vez por todas"[88]. Há uma autoridade única no testemunho dos apóstolos e na Bíblia, um testemunho permanentemente registrado.

Meredith Kline adicionou a esta visão a íntima relação entre o cânon e o pacto. Ele viu no pacto mosaico as estruturas básicas da forma de tratado no tempo de Moisés e argumentou que a relação de Deus com seu povo foi um tratado de Soberania-vassalagem, ou simplesmente pactual[89]. Deste modo, deveria ser necessariamente escrito e não sofreria alterações, salvo mudanças decorrentes da renovação do tratado, situação na qual em que poderiam ser feitas alterações. No entanto, tais alterações poderiam acontecer mediante a preparação de um novo documento, e não pela alteração do documento original[90].

Kline declarou que o Antigo Testamento consiste em documentos pactuais básicos no Pentateuco juntamente com um registro histórico da relação entre Deus como Soberano, e seu povo, Israel. Isso inclui uma explicação do significado das prescrições pactuais e o registro dos emissários reais, ou seja, os profetas, enviados para convocar o povo quando estes transgredissem o código pactual[91]. Assim, o Antigo Testamento foi

---

[88] Ridderbos, *Authority*, p. 29.
[89] Meredith Kline. G. *The Structure of Biblical Authority*. Grand Rapids: Eerdmans, 1972. p. 33-34.
[90] Kline, p. 68-69.
[91] Kline, p. 67-68.

inerentemente autoritativo desde o momento em que foi dado. Um tratado não se torna autoritativo gradualmente em um período de vários anos. Quando o Soberano externou o tratado para seus vassalos, sua autoridade decorreu do seu poder real desde o momento em que assim o fez. Similarmente, quando os profetas do Rei chamaram o povo ao serviço, as palavras por eles proferidas mantiveram a autoridade do próprio Rei[92].

Na visão de Kline, o Novo Testamento foi um cânon separado representando uma importante renovação do pacto com o Rei, Jesus Cristo[93]. Por fim, os apóstolos foram mensageiros autorizados do Rei nos termos da Nova aliança. Ninguém mais tinha o direito de impor ao povo de Deus adições ao documento pactual dele, pois

> o caso do Novo Testamento, tal como ocorria no Antigo Testamento, a aceitação das próprias reivindicações quanto a sua autoria divina leva ao reconhecimento de sua natureza pactual e propósitos. Para o Novo Testamento, o seu recebimento é entendido como Palavra do Senhor para um novo pacto pelo qual ele estrutura a comunidade do novo pacto, a regra de fé e prática é direcionada à submissão das pessoas em um relacionamento consagrado a ele. E então os autores humanos dos livros do Novo Testamento, autorizados por seu Senhor, falam a palavra dele, sendo vistos como "ministros de uma nova aliança" (ver 2 Co 3.6)[94]

---

[92] Ibid, p. 58ss.
[93] Ibid, p. 68-69.
[94] Kline, p. 68-69.

A percepção de que o cânon é a coleção de documentos que encarnam a aliança de Deus com o homem, ajuda a ligar a autoria divina e testemunho da Bíblia com uma explicação racional das circunstâncias exteriores que fundam a sua imposição sobre os homens.

A conclusão a ser tirada desses três exemplos é que o coração e núcleo da doutrina Reformada é o reconhecimento de que a Bíblia é uma palavra dada por Deus. Como tal, em primeiro lugar, o único que pode autenticá-la é o próprio Deus. O cânon é reconhecido como "a obra íntima do Espírito Santo testemunhando por e com a Palavra em nossos corações" (CFW I:5). Em segundo lugar, as próprias Escrituras testificam serem canônicas, quando são lidas mediante o poder do Espírito Santo. Em terceiro lugar, os escritos canônicos são aqueles que Deus externou como uma regra autoritativa para sua igreja. Sua canonicidade é determinada pelo seu lugar no propósito salvífico de Deus. O cânon é pactual, uma parte integrante dos propósitos redentivos na história, um agente no encontro do povo de Deus para ele. Em quarto lugar, a ligação do cânon com o estabelecimento do Reino de Deus torna possível mostrar um fundo racional à aceitação da autoridade da Bíblia[95]. Os apóstolos são vistos como os embaixadores do reino de Cristo, com autoridade para definir os documentos da aliança que declaram o lugar do povo de Deus e dos seus inimigos em sua relação com o reino. As Escrituras canônicas declaram "o que o homem deve crer acerca de Deus e os deveres que Deus exige do homem" (Breve Catecismo, 3)

---

[95] Assim a exigência de Kuyper é cumprida..

A questão do cânon aberto ou fechado

Aquela declaração de autoridade levanta imediatamente a questão de outras autoridades. Nós estamos examinando as implicações da completude da Bíblia para a continuidade de revelações especiais. Mas é correto dizer que a Bíblia está completa e que o cânon está, consequentemente fechado? E se *sim*, qual autoridade pode ter outras revelações em relação a autoridade da Escritura?

Possibilidades para um cânon aberto

Ainda há aqueles defendendo que o cânon das Escrituras está aberto, que há uma perpétua possibilidade de outros livros serem adicionados. Karl Barth, por exemplo, enquanto tentava reconhecer a lista de livros historicamente aceitos pela igreja[96], insistiu que ela deve estar aberta à possibilidade de alterações no cânon. Por um lado, observou que historicamente há várias propostas para aumentar ou reduzir o espectro do cânon reconhecido. Sérias considerações atinentes a estas propostas foram feitas e mostraram que a igreja não considerou de forma absolutamente dogmática que o cânon fosse fixo.[97] O mais importante para Barth era que a igreja não pode falar

---

[96] Karl Barth. *The Doctrine of the Word of God*. Part 2, trans. G. T. Thomson and Harold Knight, Vol. I, Part 2, Church Dogmatics, eds. G. W. Bromiley and T. F. Torrance (Edinburgh: T. &.T. Clark, 1970), p. 474.

[97] Barth, p. 476ss.

de forma absoluta como se tivesse a voz do Espírito Santo para todas as eras. No máximo, a decisão da igreja é para ser vista como "uma séria indicação e que, portanto, deve ser levada a sério"[98]. Na visão de Barth, a igreja deveria estar aberta para "novas instruções" a respeito do cânon[99]. Há basicamente apenas quatro possibilidades para aqueles que falam em um cânon aberto. A primeira é a afirmação trivial de que inexiste um cânon no sentido comumente aceito de uma coleção de escritos autoritativos dados por Deus. Para os críticos modernos que consideram a Bíblia como escritos humanos que tiveram sua autoridade gradualmente aceita pela igreja[100], a questão de ser aberto ou fechado é uma discussão sem sentido. A Bíblia pode ser considerada um documento histórico único, mas todo documento histórico é único à sua própria maneira. Outros escritos da época podem também descrever a teologia do período do Novo Testamento. Se a igreja determina o cânon, ela pode continuar a acrescentar ou excluir livros dele. A segunda possibilidade é a consideração de que a igreja talvez tenha errado ao determinar a lista de escritos canônicos do período apostólico dentre os atualmente existentes. Alguns desses livros selecionados podem não ser verdadeiramente canônicos ou aconteceu de algum dos livros canônicos terem sido rejeitados. A terceira possibilidade é de que alguns livros canônicos podem ter sido perdidos, alguns escritos apostólicos, tal como a Epístola de Paulo aos de Laodiceia. Se for esse o caso, alguns desses livros, se descobertos, deveriam ser acrescentados à Bíblia. A última possibilidade é que Deus pode dar uma nova revelação canônica que seria então

---

[98] Barth, p. 480.
[99] Barth, p. 480.
[100] Documentado anteriormente no Capítulo 2.

adicionada àquela. O primeiro ponto de vista vê a lista como uma determinação da igreja; o segundo e terceiro enxergam a canonicidade como determinada por Deus e questiona se a igreja reconheceu e preservou tudo o que é canônico. Por fim, o quarto também vê a canonicidade como determinada por Deus e questiona se ele pode incrementá-la.

Argumentos para o cânon fechado

Uma pergunta a ser feita é: Com que finalidade cristãos ortodoxos rejeitariam essas possibilidades? O primeiro argumento para o cânon aberto, claro, posicionamento completamente heterodoxo, nega que haja qualquer autoridade na Bíblia e deixa a igreja escolher para si aqueles escritos que devem ser a palavra de Deus. Quase inevitavelmente está conectada com visões heréticas da deidade, geralmente em termos da pessoa e natureza de Cristo. Muitos livros têm sido escritos para demonstrar o erro desses pontos de vista, e tal tarefa foge ao escopo desse artigo[101].

É possível então que a igreja tenha errado na compilação da lista de escritos que foram canônicos? Bem difícil negar que esta seja uma possibilidade abstrata. Contudo, observando a questão em termos de escritos atualmente disponíveis, há três respostas que podem ser dadas. A primeira argumenta no autorreconhecimento da Escritura sob a iluminação do

---

[101] *e.g.* J. G. Machen. *Christianity and Liberalism.* New York: MacMillan Co., 1923. Clark H. Pinnock, *Biblical Revelation.* Chicago: Moody Press, 1971); Pinnock inclui uma bibliografia estendida da literatura discutindo esta questão de ambos lados, em termos da doutrina da Escritura.

Espírito Santo. Essa resposta é "leia e compare os vários escritos. Ficará bem claro que a igreja não se equivocou". A segunda resposta se encontra na esfera da investigação da evidência histórica para a autenticação dos livros. É a assertiva de que livros canônicos podem ter sua história traçada de volta até o período dos apóstolos e demonstrar que estes eram reconhecidos pela igreja como canônicos desde aquela época[102]. Ademais, nenhum dos livros não-canônicos foi tido por fonte de autoridade[103]. A maioria deles tem sua origem datada após o período pós-apostólico, significando que não pode ser inserida nessa categoria. A terceira resposta é que Deus tem, por sua providência, guardado a igreja do erro na importante matéria de saber quais são os livros canônicos[104]. Por esses motivos, apesar do fato de alguns indivíduos terem questionado o direito de certos livros estarem no cânon, em que pese durante os primeiros dias um grande segmento da igreja não reconhecer determinados livros, finalmente houve concordância quanto à escolha, não tendo havido erros, mas se tratando de uma verdadeira lista dos livros que mantinham qualificação canônica.

A terceira possibilidade para um cânon aberto é que houve certos escritos do período apostólico que foram perdidos e que se acredita deveriam estar no cânon. Kuyper rejeitou essa visão, por outro lado não negando que talvez a arqueologia descobrisse um evangelho segundo André, ou a carta de Tomé ou Filipe, mas insistindo que estas não deveriam ser adicionadas à Bíblia. Fazer isso, ele disse, seria admitir que a Bíblia não foi suficiente, um todo orgânico, mas sim um acidente

---

[102] Warfield, *Canon*, p. 412-15.
[103] René Paché. *The Inspiration and Authority of Scripture*. trans. Helen I. Needham. Chicago: Moody Press, 1969. p. 160.
[104] Harris, p. 201, 281; Paché, p. 180.

histórico incompleto. Entretanto, o uso neotestamentário do Velho Testamento na própria Bíblia nega a existência desta carta. O Antigo Testamento é tomado pelo Novo Testamento como sendo o único registro necessário da obra de Deus sob o antigo pacto. Não é apenas uma parte da tradição[105]. Por outro lado, Ridderbos parece aceitar a possibilidade de recuperação de escritos apostólicos perdidos que então seriam adicionados ao cânon e assevera que ele está apenas qualitativamente encerrado. Em vez de ser uma lista fechada, o cânon é uma tradição fechada "... uma unidade qualitativamente fechada de acordo com o original e irrepetível caráter do testemunho apostólico"[106]. Em sua visão, o cânon está fechado apenas no sentido de que os escritos não surgentes na tradição apostólica original não podem ser parte do cânon. No entanto, deve ser observado que a ideia de encontrar um livro perdido é uma especulação assaz abstrata. Na história do reconhecimento do cânon, não há registros de que tal coisa tenha acontecido. Todos os candidatos ao *status* canônico foram cuidadosamente preservados e copiados desde o início, de modo que há ampla evidência para cada um. Além do mais, inspiração não deve ser igualada à canonicidade. Sem dúvidas há escritos e declarações inspiradas que Deus não considerou adequado preservar para nós, como por exemplo, a carta de Paulo aos de Laodicéia mencionada em Colossenses 4.16. Em termos do senhorio de Cristo sobre a igreja, o cânon foi limitado à presente coleção[107]. Aqui novamente há um argumento acerca do cuidado e da providência divina, crendo que todo o cânon

---

[105] Kuyper, *Principles*, p. 40
[106] Ridderbos, *Canon*, p. 196.
[107] Estes argumentos contra um cânon qualitativamente encerrado foi criado por Richard Birch Gaffin, Jr., em uma discussão pessoal, em 1 de Fevereiro de 1974.

foi providencialmente preservado e identificado[108]. A fraqueza desse argumento é que se um livro perdido fosse encontrado, poder-se-ia igualmente afirmar que isso foi parte do cuidado providencial de Deus.

A última possibilidade para um cânon aberto seria que Deus continuou dando revelações canônicas após o fim da era apostólica. Kuyper estabeleceu a base para o argumento contra essa possibilidade, descrevendo a progressão do Antigo Testamento para o Novo. Ele observou que o próprio Antigo Testamento indicou a necessidade e a certeza de uma segunda revelação na vinda do Messias. Neste caso, o Novo Testamento foi esperado ainda no tempo do Antigo, e, portanto, apenas uma parte da revelação demandada no Antigo Testamento foi dada antes da ascensão de Jesus[109]. O restante só poderia vir após a segunda vinda de Cristo. Em seguida, o Novo Testamento foi um avanço antecipado da revelação de Deus, mas nenhum outro é antecipado até o retorno de Cristo. A única adição que pode ser feita à revelação canônica dada em Cristo será pelo retorno dele próprio. Kline desenvolveu ainda mais essa ideia, postulando que na verdade existem dois cânones fechados, ou seja, o Antigo Testamento para o antigo pacto, e o Novo Testamento para o novo pacto:

> Cada pacto escriturístico está fechado para alteração, subtração ou adição pelos vassalos... cada pacto está aberto para revisão pelo Suzerano, revisão que não destrói, mas cumpre, como a história do reino de Deus que avança de uma época para outra[110].

---

[108] Harris, p. 175, p. 281.
[109] Kuyper, *Principles*, p. 471.
[110] Kline, p. 66-67.

Como Kline desenvolveu sua tese, o Novo Testamento é um cânon fechado para o período da nova aliança e não pode ser alterado até a vinda do Rei para a renovação final e o cumprimento do pacto. Na história da atividade redentiva, os apóstolos se mantiveram em um único lugar como embaixadores de Cristo. Eles foram autorizados a testemunhar do novo pacto e da vontade do Rei. Sua posição única não pode ser repetida até o retorno de Cristo e consequentemente o cânon do Novo Testamento não pode ser outro, senão fechado.[111]

Autoridade canônica e não-canônica

O entendimento reformado do cânon dá uma boa razão para considerá-lo como fechado, com a possível exceção de adição dos livros apostólicos que foram perdidos. Assim, deve ser vista qual autoridade tem as revelações extra-canônicas em relação à autoridade da Bíblia.

A regra de fé e prática é limitada às Escrituras canônicas, à lista de livros que compõem a Bíblia? Há alguma outra regra pela qual os homens devem se guiar? "Qual a lei pela qual os homens serão julgados?"[112]

A primeira coisa a ser dita é que toda palavra de Deus exige obediência por parte do homem. Inexiste revelação que não carregue o peso da obrigatoriedade.[113] Pode haver

---
[111] Ridderbos, *Authority*, pp. 27-28.
[112] Problemática criada por Norman Shepherd em discussão pessoal, em 24 de Janeiro de 1974.
[113] Hodge, I, 166. Kline, p. 169, nota 5.

revelações dadas a homens específicos para sua orientação pessoal e que não possui natureza vinculativa para todos os homens. Por exemplo, Deus proibiu de ir à província da Ásia para pregar a palavra (At 16.6). Certamente isso não significa que nenhum cristão jamais poderia pregar a palavra na Ásia. Foi uma proibição endereçada a um grupo de homens em um lugar e tempo plural. No entanto, toda revelação é vinculante e essas palavras foram tão obrigatórias em seu próprio contexto quanto qualquer outra palavra de Deus. A palavra é de Deus ou não é[114]. Se é, deve ser obedecida. Não existe graus de autoridade. Tudo que vem de Deus demanda obediência. Em Romanos 1.18-23, Paulo mostra que não é somente a palavra escrita que tem autoridade. Aqui ele declarou que a revelação geral é obrigatória, tanto é que quem rejeita Deus torna-se inescusável porque Deus se dá a conhecer na revelação geral.[115] Uma vez que a revelação geral é uma regra vinculante para o homem, pode-se então asseverar com confiança que cada instância da revelação também o é, ainda que possa não o ser para todos os homens de todos os tempos.

Outro ponto é que inexiste qualquer evidência bíblica sugerindo que as pessoas são responsáveis pela revelação que não receberam. Com efeito, o peso da evidência bíblica segue outro caminho. Claramente o ponto das palavras de Paulo em Romanos 1.18-23 é que até pessoas que não receberam a revelação especial, e assim não podem ser responsabilizadas a viver por ela, se fazem indesculpáveis quando falham em servir a Deus, uma vez que possuem a revelação geral. Se todos fossem feitos responsáveis pela obediência à revelação escriturística, é fato que esta passagem não seria necessária. Romanos 2.12-16 é até

---

[114] Gaussen, p. 324.
[115] Murray, John. *The Epistle to the Romans, The New International Commentary on the New Testament*. Grand Rapids: Eerdmans, 1968. 1:18-23.

mais explícito, como Paulo declarou, que os que pecaram sem a lei, serão punidos sem a lei. Eles não serão atrelados à lei da revelação especial que não possuíam, mas às leis que haviam recebido na natureza.[116] No entanto, esta lei não é contrária à lei da revelação especial. Evidente que é a mesma lei conhecida por instinto ou por meio da revelação geral, mesmo que eles não tenham recebido uma formulação completa, clara e explícita de Deus na revelação especial. Há apenas um regulamento de Deus que alguns recebem somente por meio da revelação geral e outros, por sua vez, recebem mais completamente e mais claramente por meio da revelação especial. Muito será exigido daquele a quem muito é dado, e pouco será requerido daquele a quem pouco é dado (Lc 12.41-48), mas todos são responsáveis.

Resta a espinhosa questão da relação entre a revelação especial extracanônica e a revelação canônica. Este tópico será uma parte inevitável do desenvolvimento dos argumentos a favor e contra a cessação das revelações especiais. Neste ponto, tudo o que pode ser feito é delinear as mais básicas e óbvias estruturas a serem aplicadas.

Portanto, se houver uma revelação especial para nossos dias, teria o mesmo *status* que foi conferido à revelação especial extracanônica do período bíblico. Isto será demonstrado adiante no capítulo 4, na demonstração que no período bíblico houve uma revelação especial que não se tornou parte das Escrituras canônicas. Além do mais, diversas referências bíblicas demandam serem testados os que afirmam trazer uma revelação de Deus (Dt 12.32, 13.18; Gl 1.6-9; 1Jo 4.1-3). Uma série de critérios foi estipulada para distinguir entre os verdadeiros e falsos profetas. O que é um motivo de imediata preocupação é que

---
[116] Murray, *Romans* 2.12-16.

o verdadeiro profeta entregaria a profecia em consonância com a revelação já recebida por meio de homens inspirados.

Ademais, a revelação que serviu como um teste parece ter sido limitada aos escritos canônicos e às verbalizações daqueles que foram autorizados a impor esses escritos de natureza canônica. As supostas revelações que passaram por esses testes, não necessariamente se tornaram parte das Escrituras canônicas. Caso tivessem se tornado, não haveria portanto qualquer revelação especial não canônica. Tudo isso sugere uma abordagem para estabelecer a criteriosa posição de qualquer revelação especial que pode ocorrer hoje. Claramente, a maior parte do teste trataria da questão de estar de acordo com a Bíblia. Se foi autenticada por meio do teste, seria aceita como uma declaração oficial e obrigatória em seu contexto.

No entanto, em razão do cânon estar fechado, não poderia se tornar uma parte das Escrituras canônicas como um padrão obrigatório para todos os homens de todos os tempos. Sua autoridade então seria exatamente a mesma que a da Bíblia, sendo Palavra de Deus, mas seu uso não seria o mesmo.

Cânon: fechado, escrito, palavra apostolicamente autorizada de Deus

Nossa preocupação ainda não é com a possibilidade de tal revelação extracanônica, mas com a canônica, e particularmente com o entendimento do termo cânon. Nós temos visto que "cânon" combina com o significado de "lista autoritativa" e "normativa regra de fé". Tornar-se-á evidente que no argumento cessacionista dos dons de revelação do Espírito Santo, o estreito sentido de "lista autorizada" é empregado como uma premissa. No entanto há uma tendência para mudar a definição em pontos dos argumentos para utilizar o sentido mais *lato* da regra.

Temos visto também que o cânon é um resultado da aliança de Deus com o homem, o que levou à ideia de dois cânones, sendo um para a antiga aliança, e outro, para a nova aliança. Ambos infalíveis, mas cada um canônico unicamente em seu próprio contexto. Certos aspectos das regras do antigo pacto foram revogados com a vinda de Cristo, na renovação do pacto (por exemplo, as leis cerimoniais e as leis para a nação de Israel)[117]. Uma vez que as Escrituras são a revelação de Deus que estabelece o tipo de relacionamento que Ele deseja ter com o homem, elas falam desde o princípio com absoluta autoridade de Deus. Deus revelou o seu pacto com o homem por meio da palavra de seus representantes autorizados no período do Novo Testamento, os apóstolos. Assim, há um cânon apostólico autorizado, como ninguém mais tinha autorização para falar por Deus e impor sua lei sobre o homem como regra normativa para a vida comunitária do povo da aliança[118].

Por uma questão de durabilidade e solidez, foi necessário que o cânon viesse na forma escrita[119]. Assumindo que o cânon implica a forma escrita, isso não prejudica o argumento sob exame. Quando é discutida a conclusão das Escrituras, é a conclusão da própria palavra escrita que está em jogo. Daí o argumento progride para reivindicar também a conclusão da revelação não escrita. O argumento para o fechamento do cânon

---

[117] Kline, p. 101-102.
[118] Hughes, p. 17; Paché, p. 176; Warfield, *Canon*, p. 415.
[119] Kuyper, *Principles*, p. 1405; Ridderbos, *Authority*, p. 27-28

não foi mostrado para ser absolutamente conclusivo nas dúvidas sobre a possibilidade de descoberta de outras obras apostólicas que se perderam. No entanto, o peso da evidência levanta sérias dúvidas sobre a possibilidade de isso vir a ocorrer. Até que tal manuscrito seja descoberto, assumiríamos que os cânones são absolutamente fechados, consistindo em sessenta e seis livros geralmente aceitos (CFW I:2). Finalmente, o lugar da formação do cânon na história da redenção foi considerado brevemente para mostrar a razoável evidência para o reconhecimento das Escrituras canônicas. Embora a evidência seja razoável para o homem, neste mundo caído, somente serão aceitas através do testemunho iluminador do Espírito Santo.

Em resumo, o cânon é visto como fechado, escrito, apostolicamente autorizado e pactual, uma palavra de Deus ao homem, aprovado por ele e pelo Espírito Santo.

Contudo, nem todos aceitam essa definição e um problema crítico nas discussões dos dons de revelação é que pessoas têm diferentes definições de cânon. No final, porém, essas diferenças nas definições de cânon não são críticas. A questão é se os dons de revelação continuam mesmo após a Bíblia ter sido completada. Para maioria das pessoas, isso significa o mesmo que após o cânon ter sido completado. Para aqueles que definem o cânon de forma diferente, nós deveríamos substituir os termos conclusão da Bíblia, encerramento da Bíblia para qualquer adição, para completação e encerramento do cânon.

Isso prepara o palco para a apresentação dos argumentos que indicam que o encerramento do cânon implica na cessação da revelação especial.

3 Análise dos Argumentos Cessacionistas para a cessação das revelações não-canônicas

Nós vamos encontrar utilidade na distinção entre revelação especial canônica e não-canônica. A revelação especial canônica é a revelação que se tornou parte dos cânones fechados do Antigo e Novo Testamentos. A revelação especial não-canônica então incluiria qualquer outro aspecto da revelação especial. A questão de saber se uma revelação é ou não-canônica será discutida mais adiante.

A igreja cristã tem geralmente ensinado que a revelação canônica cessou e a posição alternativa é de nenhuma preocupação nesse estudo. Se o cânon ainda está aberto, a revelação canônica talvez ainda continue. Mas a revelação canônica vem ao homem por meio do exercício de dons de revelação.

No entanto, para a revelação canônica continuar, os dons de revelação do Espírito também devem continuar. Consequentemente, a partir de uma perspectiva do cânon aberto, não há argumentos para a cessação dos dons de revelação.

Neste ponto, uma afirmação mais precisa da questão em análise pode ser dada. É assumido que a revelação canônica especial cessou. A questão que ainda precisa ser resolvida é se a revelação especial não-canônica continua existindo. Somente se a revelação especial não-canônica puder continuar é que pode então haver continuação dos dons de revelação.

Cinco argumentos relacionados são propostos reivindicando o encerramento do cânon como que implicando na cessação dos dons espirituais em série. Do ponto mais fraco para o mais forte, eles afirmam que os dons espirituais cessaram porque:

1) toda revelação especial é canônica;

2) as Escrituras são suficientes para nossas necessidades;

3) os dons de revelação são sinais apostólicos;

4) a revelação em Cristo é final e perfeita; e

5) dons de revelação são uma parte da instauração inicial do reino de Cristo.

ARGUMENTO 1:
Toda revelação especial é canônica

A visão de que toda revelação especial é automaticamente canônica não é muito difundida e nenhuma evidência encontrada sugere que qualquer teólogo rejeitou a continuidade dos dons de revelação com base nesse argumento isolado. Esse argumento apareceu na investigação de Herbert Bird da Igreja Adventista do Sétimo Dia, como um ponto de seu desafio para a visão dos dois níveis de revelação por ele adotada: a profecia bíblica em um nível superior e aquelas de Ellen G. White em um nível inferior:

> O fato de muitas profecias terem sido temporárias ou apenas de relevância local não tem qualquer relação com sua autenticidade como comunicação de Deus, sua autoridade ou seu caráter normativo. Quando Deus falou por meio de profetas, aqueles a quem a mensagem foi endereçada tinham a palavra de Deus, e não cabia a eles diferenciar graus ou importância das palavras que foram lidas ou ouvidas[120].

A conclusão a que ele chegou foi que os Adventistas deveriam rejeitar as profecias adicionadas ou classificá-las como sendo Escrituras. R. L. Harris suscitou um ponto similar em sua discussão acerca da canonicidade, ao ensinar que a

---

[120] Herbert S. Bird. *Theology of Seventh Day Adventists*. Grand Rapids: Eerdmans, 1961. p. 38.

verdadeira profecia foi automaticamente canônica[121]. Com o mesmo padrão, Richard Gaffin afirmou,

...que sentido pode ter a tentativa de manutenção de um cânon fechado e a ocorrência de uma fala inspirada atualmente? 'Cânon', depois de tudo, não é meramente uma designação literária ou um termo catalográfico. Ele traz em si uma conotação de autoridade. O 'cânon' é qualquer lugar onde eu encontro a palavra inspirada de Deus para hoje. Se a fala inspirada permanece hoje, então, como nosso cânon, a Escritura não está completa; Não importa o quão altamente podemos vê-la de uma outra forma, a Bíblia é apenas uma parte do que é o cânon.[122]

Se, tão somente se, fosse verdade que toda revelação especial é canônica, e o cânon está fechado, então a conclusão lógica que se seguiria é que os dons de revelação cessaram. Deveríamos notar, porém, que esse entendimento do cânon implicitamente repudia o cânon das Escrituras; o cânon inclui qualquer revelação especial, seja ela ou não parte da Bíblia. Embora adeptos desse posicionamento associem a cessação da revelação especial com a conclusão da Bíblia, isso não implica que o cânon, como definido por essa corrente, está fechado ou que a revelação cessou. A associação da conclusão das Escrituras e a conclusão do cânon, para eles, requer um uso ambíguo

---

[121] R. Laird Harris. *Inspiration and Canonicity of the Bible*. Grand Rapids: Zondervan, 1957. p. 174-175; 233-234. Uma visão similar é expressada por Richard B. Gaffin, Jr. *"A cessationist response to Douglas A. Oss."*, *Are miraculous gifts for today*. Grand Rapids: Zondervan, 1996. p. 293-294
[122] Richard Gaffin, Jr. *A cessationist response to Douglas A. Oss.*, *Are miraculous gifts for today*, p. 293-294

do termo cânon, às vezes com ênfase na autoridade e outras vezes com ênfase em uma lista aprovada. Eles começam com a premissa de que o cânon (a lista dos livros aprovados) das Escrituras está fechado. Então eles concluíram, uma vez que o cânon (agora como corpo de ensino autoritativo de Deus e que inclui toda sua revelação) está fechado, não há mais revelações. No entanto, eles usam "cânon" em dois diferentes sentidos numa tentativa falaciosa de se esquivar de provar que as revelações especiais cessaram quando a Bíblia foi concluída. Para defender seu posicionamento, eles devem mostrar, e não pressupor, que o conteúdo do cânon nas duas modalidades que eles usam, têm o mesmo significado; ou seja, que toda a revelação especial está incluída na Bíblia.

Isto é claramente evidente se o argumento é exposto formalmente pela lógica silogística (Se A é B, e B é C, então A é igual a C). Assim:

Toda revelação é canônica (autoridade).
Tudo o que é canônico (lista) está nas Escrituras.
Assim toda revelação é Escritura.

O mesmo raciocínio, ou seja, o mesmo padrão lógico, dá uma resposta obviamente falsa no exemplo abaixo:

Todas as aves são criaturas com asas (de penas). Todas as criaturas com asas (de pêlo) são mamíferos. Portanto, todos os pássaros são mamíferos.

Obviamente que isso não é verdade, neste caso porque o argumento é inválido. As premissas são verdadeiras, mas os argumentos não funcionam. O fato de "todos cachorros serem mamíferos" (verdadeiro), não significa que "todos mamíferos são cachorros" (falso).

O argumento considerado aqui requer uma premissa não expressa para ter sucesso: Tudo que é canônico (autoridade) é canônico (lista), isto é, tudo quanto é palavra de Deus é parte das Escrituras. Mas isso pressupõe a conclusão que está sendo discutida. O que nós sabemos é que tudo o que é canônico como lista, é canônico como autoridade, ou seja, tudo o que é Escritura (escrito na Bíblia) fala com a autoridade de Deus para todos os homens em todas as épocas. Isso não é equivalente a dizer que "tudo o que é canônico como autoridade, é canônico como lista.". A premissa não expressa deve ser comprovada. Portanto, veremos mais adiante que ela é absolutamente falsa.

Refutação
Nem toda revelação especial é canônica

A alegação de que toda revelação especial é canônica evidenciou-se como o caso mais simples do argumento de que cânon fechado implica na cessação dos dons de revelação. Se a premissa é concedida, a conclusão é inevitável. A menos que seja estabelecido que não existe ou haja revelação especial que não seja canônica, então, todos os outros argumentos para o fim dos dons do Espírito são um desperdício de tempo e esforço. Precisamos ter mais cuidado para refutar aqueles que possam ser antecipados, porque não é suficiente mostrar que houve revelações que não foram inseridas nos livros canônicos. Também é necessário mostrar que não há nenhuma base válida para assumir que estas eram simplesmente repetições das revelações canônicas. Quando isso é feito, também se demonstrará que a Bíblia não ensina claramente que a revelação não canônica cessou. O caminho ficará iluminado para lidar com o argumento quádruplo de que a cessação dos dons revelacionais, enquanto não explicitamente ensinada nas Escrituras, era uma consequência necessária do encerramento do cânon.

A Bíblia deixa claro a existência de revelação não-canônica

Uma dupla abordagem será tomada para demonstrar a existência da revelação não canônica. Primeiramente, a vida encarnada de Cristo será considerada como prova de tal revelação. Em seguida, os registros dos servos de Cristo no Antigo e Novo Testamentos, serão examinados como evidência similar.

Nenhuma Declaração Direta da Cessação da Revelação Especial

A maioria das pessoas prontamente concorda que existiu algum tipo de revelação especial não canônica, mas muitos afirmam que é *"expressamente declarado na Escritura"* (CFW 1:6) a cessação permanente de tal revelação. Uma passagem então deve ser examinada, enquanto outras que falam menos diretamente serão consideradas no capítulo seguinte.

O texto de 1Coríntios 13. 8-12 tem sido frequentemente citado como uma passagem que não só declara que alguns dos dons de revelação cessarão, mas declara que cessarão quando a Bíblia estiver completa¹²³. O desenlace depende do significado de *"o que é perfeito"* no versículo dez. A referência óbvia, segundo entendo, é Cristo em sua segunda vinda¹²⁴. Várias razões são dadas pelos que sustentam a Bíblia como *o que é perfeito*", invés de referir-se a Cristo no segundo advento. Em muitos casos, é evidente que eles aplicam este verso à Escritura completada por que pressupõem que os dons cessaram¹²⁵. Claro, onde essa é a única base para a interpretação, ela não tem força a menos que possa ser mantida por outros motivos que os dons de revelação cessaram com a conclusão do cânon. Contudo, ainda neste caso é duvidoso. Ambos, Calvino e Hodge consideram que os dons de revelação terminaram com a era apostólica, e ao mesmo tempo ensinam que a vinda do *"que é perfeito"* se refere à segunda vinda de Cristo.¹²⁶

Alguns argumentam então que os dons mencionados no versículo oito são representativos dos de revelação como

---

¹²³ W. G. Bellshaw, 'The Confusion of Tongues', Bibliotheca Sacra, CXX (April-June, 1963), 151; R. G. Gromacki, *The Modern Tongues Movement*. Philadelphia: Presbyterian and Reformed Publishing Co., 1967, p. 125-128; H. J. Stolee, *Speaking in Tongues*. Minneapolis, Minn.: Augsburg Publishing House, 1963, p. 102; Walvoord, p. 178-179; Rowland S. Ward, *Spiritual Gifts in the Apostolic Church*. Prahran, Victoria, Australia: [n.d], 1972, p. 20.

¹²⁴ C. Brumback, *'What Meaneth This?* Springfield, Mo. Gospel Publishing House, 1947, p. 73; D. W. Burdick, *Tongues*. Chicago: Moody Press, 1972, p. 35-36; Jean Calvin, *The First Epistle of Paul the Apostle to the Corinthians*, eds. D. W. Torrance and T. F. Torrance, trans. J. W. Fraser, Vol. IX, *Calvin's Commentaries*. Grand Rapids: Eerdmans, 1963, 13:10,12; H. M. Ervin, *"These are not drunken. as ye suppose"* Plainfield, NJ: Logos, 1968, p. 220; F. W. Grosheide, *Commentary on the First Epistle to the Corinthians*, Vol. VII do *The New International Commentary on the New Testament*. Grand Rapids: Eerdmans, 1968, 13:8-12; T. W. Harpur, *"The Gift of Tongues and Interpretation,"* Canadian Journal of Theology, XII,1966, 168; Charles Hodge, *An Exposition of the First Epistle to the Corinthians*. New York: Robert Garter & Brothers, 1857, 13:8-12; L. Morris, *The First Epistle Of Paul to the Corinthians The Tyndale New Testament Commentaries*. Grand Rapids: Eerdmans, 1960, 13:8-12; Reformed Presbyterian Church, Evangelical Synod, *Minutes of the 149th General Synod*, (May, 1971), p. 95; S. D. Toussaint. *"First Corinthians Thirteen and the Tongues Question,"* Bibliotheca Sacra, CXX (October-December, 1963), p. 311-316.

¹²⁵ Gromacki, p. 125-126; Stolee, p. 102; Walvoord, p. 178-179.

¹²⁶ *Commentaries*, 1 Cor. 13:8-12.

um todo, e que eles devem desaparecer substancialmente ao mesmo tempo. Por conseguinte, à medida em que o apostolado é um desses dons, segue-se — segundo os defensores desta teoria —, que os dons cessaram no momento da morte de João. Por outro lado, há quem exponha a mesma conclusão geral e argumente que a diferença entre o verbo usado para se referir à cessação das línguas, (παύο, *voz média*), e que é utilizado para a acabar com a profecia e o conhecimento (καταργηο, *voz passiva*), indica uma diferença no tempo dos respectivos desaparecimentos[127]. No contexto mencionado, a interpretação de Grosheide há muito tem sido preferida, qual seja, que o que é perfeito seria então a revelação de Cristo em sua segunda vinda. Ele concordou que estes eram dons representativos, mas viu que a questão não era o tempo de duração dos dons como um todo, mas o seu valor em relação ao amor[128]. Assim, parece ser forçado concluir que esses dons cessaram em momentos diferentes, particularmente em razão de que a diferença vocal não indica uma diferença temporal.

No contexto, especialmente olhando para o versículo doze, é difícil evitar a conclusão de que *"o que é perfeito"* refere-se à segunda vinda. Mas isto foi contestado pela alegação de que o perfeito não pode referir-se a Cristo, em vista do neutro verificado (τὸ τέλειον)[129]. Muito embora, como Gill sugeriu, ainda pode se referir a um perfeito conhecimento desta vida[130].

---

[127] Gromacki, p. 128.

[128] Grosheide, 1Coríntios 13.8. Um dos principais defensores da cessação de dons de revelação, Richard B. Gaffin Jr., mantém a mesma conclusão contra a ideia de que esta passagem ensina que tais dons continuam até o fim, *"A cessationist view"*, Are Miraculous Gifts for Today? Grand Rapids: Zondervan, 1996, p 55. A passagem não se concentra no período que a profecia é dada, mas no fato de que nossa percepção será nublada até a volta de Cristo. .

[129] Bellshaw, p. 151.

[130] John Gill, *An Exposition of the New Testament*. 2 vols. London: William Hill Collinridge, 1852-1853, 1 Cor. 13.10.

Existem inúmeras expressões relativas à segunda vinda que Paulo poderia ter tido em mente, como reino, a ressurreição, o julgamento, lembrando também não ser necessário escolher uma palavra que está no neutro em grego, uma vez que das palavras normalmente usadas para se referirem às Escrituras, nenhuma delas é neutra (λόγος, γραφή, νόμος). Um outro argumento foi utilizado para demonstrar que *"o que é perfeito"* significa a Bíblia completa:

> Logicamente para *to teleion* fazer referência à integralidade ou à perfeição no mesmo domínio visado por *ek merous*, em que *ek merous* refere-se à transmissão da verdade divina por revelação, o outro termo *to teleion* deve referir-se à completa revelação da verdade de Deus, ou seja, todo o NT (tomada, claro, com seu livro fundamental, o AT)[131].

Soa bem a insistência de que os dois termos devem referir-se à mesma classe, mas isso não implica dizer que *'to teleion'* refere-se à Bíblia. Ela é, no máximo, uma revelação completa da verdade que Deus escolheu revelar para esta era. Indiscutivelmente haverá revelação mais completa quando Cristo voltar, e não há nenhuma razão para que tal revelação não esteja em vista, nesta passagem. Na verdade, a única maneira em que tal conclusão talvez deva ser evitada no contexto é dividir arbitrariamente o verso doze a partir da porção anterior do capítulo. Não é razoável negar que o verso doze refere-se à segunda vinda, e por isso também se deve admitir que esta passagem diz no máximo sobre a cessação dos dons é que esta terá lugar, na, ou através da, segunda vinda. Ela

---

[131] Gilbert B. Weaver *"'Tongues Shall Cease': 1 Corinthians 13:8."* Artigo de pesquisa não publicado. Grace Theological Seminary, Winona Lake, Indiana, 1964, p. 12, *apud* Gromacki, p. 126.

não menciona absolutamente nada sobre seu desaparecimento no final do período apostólico. A conclusão portanto é clara: A Escritura não apresenta uma declaração direta de que os dons de revelação cessaram[132].

Contra as objeções de que muitas passagens significativas não têm sido consideradas, há duas respostas. A primeira delas é que as mais significativas foram consideradas, e os resultados serão apresentados nas páginas seguintes. A segunda é que, enquanto não é possível dar uma análise exaustiva de cada passagem na Bíblia que está relacionada com a questão em pauta, considerações semelhantes às que determinam o entendimento dessa passagem e outras examinadas no Capítulo 5 podem ser aplicadas a todas as passagens para apoiar a conclusão de que os dons não cessaram com o fim da era apostólica.

É hora de seguirmos então à próxima etapa do argumento. Uma vez que não é expressamente declarado na Escritura que os dons de revelação cessaram, isso pode ser demonstrado pela boa e necessária consequência bíblica de que isto ocorreu?

Palavras e Atos de Cristo que não estão nas Escrituras

Diremos que cada palavra e ação de Cristo foi uma revelação do Deus Altíssimo? O registro completo de sua vida e suas palavras, as quais têm sido proferidas a nós, pode ser lido em voz alta em menos que dez horas. Ainda que inexistisse outra

---

[132] G. C. Berkouwer, *The Providence of God*, trans. L. B. Smedes, Studies in Dogmatics. Grand Rapids: Eerdmans, 1972, p. 224-225; K. Runia, *"The Gifts of the Spirit,"* Reformed Theological Review, XXIX, September-December, 1970, p. 93.

evidência, seria apropriado tomar como certo que apenas uma pequena porção da revelação final em Cristo alcançou *status* canônico. Convém lembrar também que, neste argumento, *cânon* refere-se à lista de livros, e não à revelação autorizada. Se olharmos apenas para os três anos que se seguiram do batismo de Jesus até a sua ascensão, o registro assumido como canônico é apenas uma pequena fração de toda a revelação. Contudo, o ponto aqui não é que o registro do evangelho seja inadequado, mas que o registro do evangelho é garantido por Deus para ser adequado. Todavia, está longe de ser um registro *exaustivo* da revelação em Cristo

O fato de os Evangelhos (e certamente toda a Bíblia), conterem apenas uma seleção da revelação de Deus na sua encarnação, estava absolutamente claro para o apóstolo João no evangelho de sua autoria. *"Há, porém, ainda muitas outras coisas que Jesus fez; e se cada uma das quais fosse escrita, cuido que nem ainda o mundo todo poderia conter os livros que se escrevessem. Amém."* (Jo 21.25). A seleção feita é designada para levar o eleito à salvação – *"estes, porém, foram escritos para que creiais..."* (Jo 20.31). Esta coleção, portanto, é adequada para as necessidades humanas (2Tm 3.16-17), muito embora a afirmação de que toda a revelação é canônica parece voar em face da própria revelação canônica.

Revelação por meio dos Servos de Cristo que não Está nas Escrituras

Este ponto, se possível, fica ainda mais claro quando a revelação dada através dos servos de Cristo é, examinada em primeiro lugar no Antigo Testamento, e depois, no Novo. É absolutamente seguro dizer que existiram muitos profetas verdadeiros mencionados no Antigo Testamento dos quais nem uma palavra sequer chegou diretamente até nós. Com muitos deles não há nem mesmo um registro de terem escrito qualquer coisa. Archibald Alexander sugeriu que, enquanto tais profecias verdadeiramente inspiradas foram perdidas, não eram, por sua vez, canônicas porquanto não foram feitas para a instrução permanente da igreja, mas para algumas ocasiões em particular[133]. Este argumento em parte é obscurecido pela possível existência de profetas cúlticos nos tempos do Antigo Testamento, os quais eram profetas por ofício, mas não por dom[134]. No entanto, alguns destes, cujas palavras não entraram no cânon, foram profetas que falaram claramente por inspiração divina.

---

[133] *The Canon of the Old and New Testament Ascertained*. Rev. ed.: Philadelphia: Presbyterian Board of Publications, 1851, p. 87-88. Veja também Kenneth S. Kantzer, "The Communication of Revelation", *The Bible - The Living Word of Revelation*, ed. Merrill C. Tenney. Grand Rapids: Zondervan, 1968, p. 73.

[134] No Antigo Testamento há também uma profecia que parece ser marcada pelo êxtase, entusiasmo, louvor, ao invés de revelação verbal. Quando um dia Saul caiu impotente aos pés de Samuel e profetizou, parece que este foi um louvor de Deus em êxtase, ao invés de revelação. "Então foi para Naiote, em Ramá; e o mesmo Espírito de Deus veio sobre ele, e ia profetizando, até chegar a Naiote, em Ramá. E ele também despiu as suas vestes, e profetizou diante de Samuel, e esteve nu por terra todo aquele dia e toda aquela noite; por isso se diz: Está também Saul entre os profetas?" (1 Sm 19.23,24). Tal êxtase parece ser a marca dos profetas cúlticos do Antigo Testamento.

Iniciando com o período patriarcal, apesar da brevidade de sua consideração na Bíblia, é evidente que nesse tempo havia uma revelação suficiente de Deus para a salvação dos eleitos, tendo sido registrado que, pelo menos, Enoque e Noé acharam graça aos olhos de Deus (Gn 5.21-24; 6.8). Além disso, Enoque profetizou, mas o único registro canônico disso é a uma profecia em Judas 14-16. "Pode-se concluir então que houve um ministério profético muito mais rico durante este período do que aparece nas páginas do Gênesis"[135]. Começando com Abraão, notamos que havia um registro canônico mais completo de como Deus separou para si um povo, mas mesmo entre o povo da aliança há evidências de revelação que não era canônica. Uma série de profetas escritores é registrado em Crônicas, e cuja obra, tão somente trechos do Antigo Testamento foram preservados. O texto inspirado refere-se aos homens e seus escritos (ver 2Cr 9.29; 12.15; 13.22; 20.34; 32.32; 33.19; 35.27)[136]. Isso dificulta a argumentação de que apenas esses trechos eram revelação. Talvez se argumente que estes eram apenas profetas cúlticos que não tinham o dom espiritual de profecia.

No entanto, os outros não podem ser vencidos a partir dessa crítica. O Antigo Testamento registra uma série de profetas não escritores de quem temos recebido, no máximo, pequenas porções de seus trabalhos proféticos. Os mais conhecidos foram Elias e Eliseu. Tendo em vista o extenso ministério deles, e o que foi registrado, é altamente duvidoso que todas as revelações dadas a eles entraram para as páginas do Antigo Testamento. Micaías Ben Inlá já era profeta antes de aparecer nas páginas dos escritos canônicos (1Rs 22.8ss.; 2Cr 17.7ss.). Miriã era uma profetisa, muito embora tenhamos apenas duas linhas

---

[135] J. F. Walvoord. *The Holy Spirit*. Wheaton, Ill.: Van Kampen Press, 1954, p. 46.
[136] R. L. Harris. *Inspiration and Canonicity of the Bible*. Grand Rapids: Zondervan, 1957, p. 166-67.

de louvor registradas (Êx 15.21). Hulda já era uma profetisa quando foi abordada pelos servos de Josias (2Rs 22.14ss.; 2Cr 34.22ss.), conquanto não haja nenhum outro registro de suas palavras proféticas. Há também o registro dos setenta anciãos que profetizaram numa ocasião em que receberam o Espírito (Nm 11.24ss.). Há registros de que eles profetizaram naquela ocasião, mas o conteúdo da sua profecia não é registrado e consequentemente não faz parte da revelação canônica.

Um grupo ainda deve ser considerado, composto por tais adoradores do verdadeiro Deus, que não faziam parte da nação de Israel. Figuras como Melquisedeque, Jetro, Balaão, e talvez Jó aparecem nas páginas da Bíblia ilustrando o paradigma. Eles não eram parte da linha escolhida por quem a revelação canônica foi preservada, no entanto, sabiam e serviram ao Senhor[137]. Parece claro que possuíam revelação especial além da que formou a Bíblia, e como tal, são um lembrete de que a revelação especial não se limitou à revelação canônica que foi preservada[138].

O Novo Testamento apresenta um quadro semelhante. Em primeiro lugar, pode-se argumentar que muito do que os apóstolos escreveram foi perdido. "Que um homem como Paulo sozinho escreveu talvez dez vezes mais do que está contido de sua mão no Novo Testamento, encontra-se na própria natureza do caso. É razoável supor que um dos apóstolos nunca escreveu nada?"[139]. É claro que nem tudo o que os apóstolos disseram ou escreveram era revelacional (cf. Gl 2.11ss.), e é muito difícil negar que algumas de suas palavras se perderam. Um exemplo

---

[137] Embora involuntariamente, no caso de Balaão

[138] Kantzer, p. 70. Em alguns casos, esses homens receberam revelação especial que fazia parte da revelação canônica. No entanto, a revelação especial que possuíam não pode se limitar a isso.

[139] Kuyper, *Principles of Sacred Theology*, trans. J. H. de Vries. Grand Rapids: Eerdmans Publishing Co., 1968, p. 464.

provável é a carta de Paulo à igreja de Laodiceia (Cl 4.16), embora alguns argumentem que esta foi posteriormente intitulada como a carta aos Efésios. Todavia, não é necessário especular sobre escritos perdidos dos apóstolos para demonstrar o lugar da revelação especial não canônica no período do Novo Testamento. Há referências a profetas do Novo Testamento, de quem nenhuma profecia entrou na Bíblia. Por exemplo, Filipe tinha quatro filhas que profetizavam (At 21.9), enquanto não há registro algum dessas profecias. Houve por conseguinte uma série de profetas na congregação em Corinto, cujas profecias não eram esperadas que fizessem parte dos escritos canônicos. Também, houve outros que proferiram apenas uma profecia que se tornou canônica, casos como Ágabo (At 21.10ss), Ana (Lc 2.36ss.), e os profetas na delegação que comissionou Paulo e Barnabé (At 13.1ss.). Por outro lado, um pensamento adicional tem ponto particular para todo o assunto em estudo. As línguas era um dos dons de revelação que eram comuns no período do Novo Testamento. No entanto, não há nenhuma indicação de que qualquer mensagem recebida através de línguas tenha se tornado parte da Escritura. Não pode haver dúvida, portanto, de que nos tempos do Novo Testamento, bem como antes, houve revelação especial que não tinha caráter de revelação canônica.

Certamente, alguns têm objetado que a profecia do Novo Testamento por meio de outros que não fossem apóstolos era de um caráter diferente da profecia do Antigo Testamento[140]. Pode ser tentador se agarrar a isso no desejo de evitar render-se e admitir o estabelecimento de revelação não canônica. Mas mesmo que essas conclusões fossem certas — possibilidade

---

[140] Wayne Grudem. *The gift of prophecy in 1 Corinthians.* Lanham, Maryland: University Press of America, 1982; *The gift of prophecy in the New Testament.* Westchester, Ill.: Crossway books, 1988. Graham Houston. *Prophecy: a gift for today?* Downers Grove, Ill.: InterVarsity Press, 1989.

que descarto — existem evidências mais que suficientes para estabelecer claramente a ocorrência de revelações especiais que não se tornaram parte do cânon sagrado.

Admitindo isto, alguns ainda podem insistir que as revelações especiais não canônicas não continham nada de diferente daquelas caracteristicamente canônicas. A dubiedade desse argumento, levando em conta a quantidade de revelação especial não canônica, é evidente. Assim, a impossibilidade desse argumento é apresentada por Paulo em 2Coríntios 12.1-4, visto que no testemunho de sua autoridade apostólica contra aqueles que buscavam com orgulho exaltar-se, ele foi levado a falar de uma visão que tinha recebido[141], assumida como uma revelação de Deus. Não só esta revelação era não canônica, mas não foi permitido ao homem falar o que ouviu naquela visão. Portanto, esta foi uma revelação não canônica sobre a qual podemos ter certeza que não está registrada em quaisquer outros lugares na Escritura. Em resumo, a Bíblia deixa claro que nos tempos bíblicos houve revelação especial que não foi canônica.

Algumas dessas revelações foram dirigidas a indivíduos em suas situações particulares, provavelmente para lidar com determinadas necessidades específicas. Em todo caso, pelo menos algumas dessas revelações não canônicas não foram colocadas em outras circunstâncias nas Escrituras canônicas.

---

[141] Alguns intérpretes diriam que Paulo estava se referindo à experiência de outro homem. Estejam ou não corretos, tal fato não afeta o argumento aqui.

ARGUMENTO 2:
A Escritura é suficiente para nossas necessidades

O segundo argumento que vincula o encerramento do cânon à cessação dos dons de revelação repousa na suficiência das Escrituras. Soa como um clamor aos homens para que se mantenham firmes nas verdades básicas da Reforma:

> ...O elemento mais fundamental da Reforma foi o clamor "*Sola Scriptura*" dos estudantes da Bíblia. O "movimento carismático" não continua a Reforma, mas consiste em um golpe prejudicial às suas próprias razões. Ele destrói o fundamento Protestante de confiar nas Escrituras somente[142].

Assim, tanto a reivindicação, quanto o desejo por dons de revelação, crê-se conectados com "uma séria desvalorização da Palavra e do sacramento e [...] uma fragilização do poder da fé"[143]. Esta negação de que os dons de revelação continuam, permite alegar que eles eram necessários antes de a Bíblia ter sido completamente escrita, ao mesmo tempo em que insiste que nada mais é necessário após sua conclusão.

Os defensores da cessação dos dons de revelação usualmente asseveram que os dons tinham dois propósitos antes

---

[142] Walter J. Chantry. *Signs of the Apostles*. Edinburgh: Banner of Truth Trust, 1973. p. 33. Veja também H. Carl Shank, *More of Christ*. Cherry Hill, NJ: Mack Publishing Co., 1973), p. 36.

[143] G. C. Berkouwer, *The Providence of God*, trans. L.B. Smede, *Studies in Dogmatics*. Grand Rapids: Eerdmans, 1972. p. 225-226.

da conclusão do cânon. O primeiro e mais importante foi dar e atestar a revelação canônica[144]. Hoekema foi ainda além sustentando que nos dias dos apóstolos a operação de sinais miraculosos era necessária para confirmar a mensagem apostólica. Para ele, afirmar que os sinais ainda são necessários seria ignorar a finalidade das Escrituras. Para mostrar que a Bíblia é suficiente, ele buscou referenciar-se na parábola de Lázaro: "Porém, ele lhe disse: se não ouvem a Moisés e aos profetas, tampouco serão persuadidos ainda que alguém dos mortos ressuscite" (Lc 16.31)[145].

O segundo propósito dos dons de revelação foi prover o crescimento da vida espiritual das pessoas até que a provisão bíblica estivesse escrita. Em resumo, os dons de revelação foram necessários para substituir a Bíblia até que fosse escrita e seriam dispensados após isso[146]. Assim, dons de revelação não foram mais necessários após a conclusão do cânon porque a a Escritura é suficiente para as necessidades dos homens:

> Todo o conselho de Deus concernente a todas as coisas necessárias para a glória dele e para a salvação, fé e vida do homem, ou é expressamente declarado na Escritura ou pode ser lógica e claramente deduzido dela. À Escritura nada se acrescentará em tempo algum, nem por novas revelações do Espírito, nem por tradições dos homens (CFW I.6)

---

[144] Loraine Boettner. *Studies in Theology*. 11th ed.: Nutley, NJ: Presbyterian and Reformed Publishing Co., 1973. p. 56; Shank, p. 36.
[145] A. A. Hoekema *What About Tongue Speaking?* Grand Rapids: Eerdmans, 1966. p. 110.
[146] W. G. Bellshaw *The Confusion of Tongues, Bibliotheca Sacra, CXX*. April-June, 1963. p. 145-53.

De acordo com 2Timóteo 3.16-18, toda Escritura é dada ao homem de Deus para ser instruído em toda boa obra. Se a Bíblia é hábil para preparar completamente para toda boa obra, quais seriam os propósitos dos dons de revelação? O que eles acrescentariam em nossas vidas? A conclusão óbvia, segundo esta visão, é que pentecostais e carismáticos estariam depreciando a Bíblia[147]. O que é necessário então não é uma nova revelação, mas um grande enchimento do Espírito Santo para entendermos a revelação que já nos foi dada[148].

Charles Hodge, acerca da conclusão da Escritura, disse que a Bíblia contém toda a revelação existente de Deus designada para ser a regra de fé e prática da Igreja[149]. Ele considerou também que todas as verdades da revelação geral estão igualmente contidas na Bíblia, enquanto não havia revelação especial que estivesse disponível. Opondo-se a esta conclusão, foi sugerido que estes dons foram concedidos para ser parte da vida da igreja e que em sua falta, a igreja é empobrecida. A resposta seria que tal proposta nega a suficiência da Bíblia[150]. A escolha é vista como suficientemente clara. Há apenas duas opções:

> A primeira é que Deus, em sua palavra, não deixou coisa alguma sem ser dita que fosse necessária ao homem conhecer para sua fé ou vida. A outra é que a autoridade eclesiástica ou uma revelação especial adicional é necessária à conclusão de, ou à correta interpretação das Sagradas Escrituras[151].

---

[147] Chantry, p. 30-31.
[148] Ibidem, p. 38.
[149] Charles Hodge, *Systematic Theology, I*. London: James Clarke & Co., 1960, p.182-183.
[150] Bird, p. 35-36.
[151] Bird, p. 29.

Os que apoiam a cessação dos dons insistem que apenas a primeira escolha é aceitável. Alguns deles sustentam seu apelo em 1Coríntios 13.8-10, interpretando que quando a Bíblia foi completa ("o *que é* perfeito"), profecias e tudo mais associado aos termos dos dons de revelação, cessaram[152]. A Palavra de Deus é perfeita e não necessita de qualquer adição. Nada há mais a ser adicionado às exigências colocadas sobre os homens na palavra escrita. Essas são as conclusões tiradas do segundo argumento para a cessação dos dons de revelação.

Refutação
A Conclusão da Bíblia não Implica que a Revelação Cessou

Os argumentos focam no caráter especial da revelação em Cristo e sua palavra escrita. Eles reivindicam demonstrar nessa base que a cessação da revelação não canônica por meio dos dons de revelação foi uma consequência necessária do encerramento do cânon. Vamos analisá-los à medida em que serão apresentados, a saber: 1) Suficiência das Escrituras; 2) Dons ligados ao ministério apostólico; 3) Finalidade da revelação em Cristo.

---

[152] J. F. Walvoord *The Holy Spirit*. Wheaton, Ill.: Van Kampen Press, 1954. p. 178-179. Desenvolvimento da exegese e significado de passagens referenciadas para apoiar estes argumentos serão deixados para exame no capítulo 5.

Uma vez que estes argumentos estão interrelacionados, as passagens escriturísticas examinadas em conexão com determinado argumento também se aplicarão frequentemente à outra. Em tais casos, vamos observar qual passagem seria mais importante em conexão com o argumento propriamente dito[153]. Nos estágios iniciais, o leitor terá de manter sobre a mesa as questões que dizem respeito às passagens que ainda não foram levadas em consideração. As falhas de cada uma dessas reivindicações se tornarão ainda mais evidentes pelo desenvolvimento cumulativo de evidências.

Refutação: Graça Além do que é Suficiente

O primeiro argumento a ser considerado está baseado na suficiência da revelação canônica. Seus defensores afirmam que por causa da suficiência da revelação das Escrituras em todas as necessidades espirituais do homem, não haveria qualquer propósito para uma contínua revelação através de dons. Porém, falham de três maneiras em mostrar a boa e necessária consequência das Escrituras para tal conclusão. Em primeiro lugar, a suficiência das Escrituras não implica sua conclusão, isto é, de que não há mais nenhum propósito adicional para os dons revelacionais.

Em segundo lugar, a suficiência da revelação canônica é equiparada à conclusão de toda a revelação especial por usar

---

[153] As seguintes passagens serão consideradas: Joel 2.28-32; Lucas 16.19-31; Atos 1.21-22; 2.1-42; 8.4-24; 9.10-19; 10.23-48; 19.1-7; 1Coríntios 12.28-31; 14; 2Coríntios 12.11-13; Gálatas 1.8-9; Efésios 2.19-22; 2Timóteo 3.14-17; Hebreus 1.1-2; 2.3-4; Apocalipse 22.8-9. Em cada caso, serão considerados apenas os assuntos relevantes.

os termos num sentido ambíguo. Terceiro, o argumento de que Deus provê apenas o que é suficiente implica fatalmente numa visão muito limitada da graça de Deus. Lucas 16.19-31, e 2 Timóteo 3.14-17 são os textos-chave na defesa deste argumento.

O Propósito dos Dons Revelacionais

Hoekema sustentou que o propósito dos dons revelacionais foi o de simplesmente atestar a mensagem apostólica. Citando a parábola de Lázaro e do homem rico (Lc 16.19-31), ele escreveu que

> a igreja de hoje já não precisa desse tipo de confirmação para a mensagem. Nos dias dos apóstolos, era necessário que a mensagem fosse confirmada por sinais miraculosos. Mas hoje temos a Bíblia completa, incluindo todo o Novo Testamento. Afirmar que a igreja ainda precisa de sinais miraculosos nos dias de hoje para confirmar o evangelho seria, ao que me parece, ignorar a finalidade das Escrituras[154].

Certamente é verdade que a parábola ensina sobre a desnecessidade de milagres para tornar eficaz as Escrituras. A parábola afirma que o adicionamento de um milagre, mesmo sendo a ressurreição de um homem morto, não levaria os irmãos do homem rico à conversão, visto que eles não quiseram ouvir as Escrituras. A Bíblia por si só é suficiente se alguma coisa será suficiente para essa conversão. Assim, nenhum sinal é necessário para conferir autoridade à palavra escrita.

[154] A. A. Hoekema, *What About Tongue Speaking?* Grand Rapids: Eerdmans, 1966, p.110.

A conclusão válida que poderia ser tirada aqui é que aqueles que não podem ser convertidos através do ministério da palavra não poderão ser convertidos mediante o concurso de dons revelacionais à Palavra escrita. No entanto, uma vez que a Bíblia está completa, isso não nega qualquer finalidade para os dons revelacionais, visto que os dons atendem outras finalidades além da conversão dos eleitos e da autenticação da Bíblia, tais como a adoração e a edificação dos santos. Essa parábola nem mesmo rejeita a possibilidade de que os dons, que estão sendo usados por Deus, levem um homem ao arrependimento e à fé. De acordo com ela, somente aqueles cujos ouvidos estão fechados à palavra escrita de Deus, estão além de qualquer ajuda possível, até mesmo da operação miraculosa dos dons revelacionais.

Assim, no Dia de Pentecostes, três mil dos eleitos de Deus foram convertidos quando Pedro pregou. Deus escolheu reuni-los para ouvir aquela pregação através do exercício de um dom revelacional, ou seja, o falar em línguas ocorrido naquele dia. É significativo que aqueles que se reuniram eram judeus com total acesso ao Antigo Testamento escrito, o mesmo que Cristo na parábola de Lázaro declarou ser suficiente. Além disso, parece claro que eles não estavam entre os redimidos, por que Pedro os convidou a que se arrependessem. Se eles eram israelitas convertidos, o convite foi para que cressem em Jesus, e o reconhecessem como o Messias esperado.

Assim, conclusivamente a parábola de Lázaro não prova que a conversão dos eleitos não pode ser parte do uso dos dons. Por uma questão factual, sequer mostra que um propósito válido dos dons não pode ir além da ideia de oferecer suporte de atestação à Bíblia.

Neste sentido, o argumento de Hoekema implica dizer que os dons revelacionais eram necessários para atestar a revelação verbal e o testemunho dos apóstolos, mas eles não eram necessários para atestar a revelação não escriturada. Por outro lado, a suposição de que eram necessários para atestar qualquer revelação é óbvia. É verdade que os dons atestaram os apóstolos e suas palavras, mas isso não implica que a sua revelação verbal era menos auto-autenticada do que era quando estava sendo escrita nos livros canônicos. A parábola mostra que a Bíblia não necessita de autenticação por meio de milagres. Entretanto foi atestada por milagres, pelo menos no momento da sua formação, e continua a ser atestada por esses mesmos milagres registrados em suas páginas. Assim, é desnecessário concluir que os dons revelacionais não autenticam a Bíblia hoje, bem como há menos base ainda para se dizer que eles não tenham nenhum propósito hoje. Tudo o que pode ser dito é que eles não eram, e não são necessários para autenticar as Escrituras.

Outro propósito dos dons era o de edificar o povo de Deus. O texto de 2Timóteo 3.14-17 tem sido citado para mostrar que tal finalidade não existe mais, por que as Escrituras são suficientes para tudo o que se necessita. O versículo quinze afirma que a Escritura é capaz de fazer um homem sábio para a salvação, como já foi visto. Os próximos dois versículos declaram que toda a Escritura é proveitosa para preparar o homem para toda boa obra. E se a Palavra de Deus provê o homem para toda boa obra e para a salvação, qual seria então o propósito da permanência dos dons espirituais? O que falta quando se tem as Escrituras?

Nenhuma igreja é tomada pela questão de estar desprovida ou, de algum modo, ter pouco dos dons espirituais quando ela entende que os dons diretamente revelacionais em seu caráter – línguas, profecias, milagres, etc. – foram retirados quando a palavra-revelação dos livros canônicos da Bíblia foi concluída [...] Nenhuma igreja sofre empobrecimento porque tem a Escritura, mas carece se não tem esses dons e essas manifestações. A situação da cristandade pode ser mais adequadamente atribuída à sua falha consistente na aplicação dessa Palavra para si, seja na doutrina ou na vida[155].

A última afirmação é certamente verdadeira. Entretanto, como um argumento contrário à continuidade dos dons revelacionais, ela falha porque pressupõe a sua conclusão. Se os dons são para edificação (1Co 12.7; 14.3-5,12,26; Ef 4.11-12), então a igreja que tem falta deles é sim empobrecida em razão disto. Negar tal coisa é pressupor que os dons não possuíam valor. A afirmação da suficiência das Escrituras não pode demonstrar que eles não possuem valor, pois havia o Antigo Testamento como Escritura bastante suficiente nos dias de Paulo e, a despeito disso, os dons abundavam para a edificação do povo de Deus. Isso pode ser ilustrado em relação aos sacramentos. A igreja que tem a Bíblia, que a estuda e a aplica diligentemente, mas que deixa de celebrar os sacramentos, é uma igreja pobre, muito embora ela ainda tenha as Escrituras suficientes. O ponto é que enquanto a Bíblia é suficiente, sua aplicação à igreja da Bíblia não revela suficiência. Em resumo, a suficiência da Bíblia não nega o lugar dos sacramentos, estabelecendo, invés disso, o seu lugar. Da mesma forma, a suficiência da Bíblia não nega lugar para os dons revelacionais, mas também estabelece lugar para eles.

---

[155] H. S. Bird, *Theology of Seventh Day Adventism*. Grand Rapids: Eerdmans, 1961, p. 35-36.

Alguns poderiam argumentar que a comparação entre a necessidade de se celebrar os sacramentos e a necessidade de se exercer dons revelacionais não faz sentido porque os sacramentos não trazem uma revelação adicional à Bíblia. No entanto, as duas passagens citadas, mesmo demonstrando suficiência, não implicam que não possa mais haver alguma revelação que tenha valor. Em ambas as passagens a suficiência da revelação descrita é o Antigo Testamento. Mas se o argumento contra a doação contínua de dons revelacionais é desenvolvido a partir destas passagens, a pergunta de Calvino deve então ser considerada:

> Ao falar da Escritura, Paulo se refere ao que chamamos de Antigo Testamento; como ele poderia dizer que esse poderia fazer um homem perfeito? Se assim for, o que foi adicionado mais tarde por meio dos apóstolos pareceria ser supérfluo. A minha resposta é que, tanto quanto a substância da Escritura que está em questão, nada foi acrescentado. Os escritos dos apóstolos não continham nada além de uma explicação simples e natural da Lei e dos profetas, juntamente com uma descrição clara das coisas nelas expressas.[156]

O Antigo Testamento era suficiente para todas as necessidades do homem e, ainda assim, o Novo Testamento foi necessário. O foi porque a vinda de um Cristo que trazia redenção estava no coração do Velho Testamento e tinha que ser cumprida. Mas se a Bíblia aponta para a continuidade dos dons revelacionais como os pentecostais afirmam, então é

---

[156] *The Second Epistle of Paul the Apostle to the Corinthians and the Epistles to Timothy, Titus and Philemon*, eds. D.W Torrance, T.F. Torrance, trans. T.A Smail. Vol. 1, *Calvin's Commentaries*. Grand Rapids: Eerdmans, 1964, 2Timóteo 3.17.

igualmente necessário que isso se cumpra em revelação contínua, embora a revelação canônica seja suficiente.

Como já foi indicado no capítulo anterior, não é necessário, de maneira nenhuma, esperar que tal revelação por meio da continuidade de dons seja uma adição às Escrituras, ou mesmo que alcance um *status* canônico paralelo. Assim, essas passagens, por consequências necessárias, não podem conduzir à conclusão de que não há nenhum propósito adicional para os dons revelacionais.

Confusão entre Suficiência e Completude

O segundo problema é usar a suficiência da revelação bíblica como um argumento para a cessação da revelação especial, tendo em vista envolver um uso bastante ambíguo do termo "suficiente". Ora ele é usado como significando "tudo o que é necessário", enquanto que, em outro momento posterior, é usado no sentido "tudo o que é dado". Nesse último uso, suficiente é tomado como sinônimo de completo. Esta confusão foi facilitada pela afirmação de que a conclusão das Escrituras é uma revelação suficiente. Torna-se fácil então se desviar nesse instante e alegar que elas também são uma revelação completa com a consequente conclusão de que os dons revelacionais foram retirados[157]. Esse erro pode ser visto nas interpretações

---

[157] Para Richard Gaffin, por exemplo, suficiência quer dizer "nada mais". Richard B. Gaffin, Jr. *"A cessationist conclusion"*, Are miraculous gifts for today, p. 337ss.

de Lucas 16.31 e 2Timóteo 3.16-17, apontados como evidências da cessação de dons. As pessoas que apontam para essas passagens com este propósito, parecem não perceber que essas passagens provam muito mais por seus propósitos. Em ambos os casos, devemos ressaltar, as referidas são as Escrituras do Antigo Testamento. Assim, a parábola de Lázaro afirma que o Antigo Testamento é uma revelação suficiente em vista da conversão. Mesmo que alguém ressuscite dos mortos, isso não seria suficiente para converter um homem que não é convencido através da leitura do Antigo Testamento. Isso pode até ser estendido e sugerir que Antigo e o Novo Testamento juntos são mais eficazes do que o Antigo Testamento sozinho, e alguns analistas até sugerem que Cristo está apontando para a chegada do milagre de sua própria ressurreição, ao dizer que aqueles que rejeitam Deus como ele é revelado no Antigo Testamento, não irão aceitá-lo quando o próprio Cristo ressuscitar dentre os mortos[158]. Então, se por essa parábola se entende que a revelação foi interrompida porque as Escrituras são suficientes para a salvação do homem, então ela deve dizer também que a revelação foi interrompida devido a conclusão do Antigo Testamento, porque esse seria suficiente para a salvação do homem. Mas esta conclusão é obviamente falsa. O que a parábola realmente ensina é que a palavra de Deus, por si mesma, já é suficiente para as necessidades dos homens, e que ela não precisa ser apoiada por eventos milagrosos. Quando eventos milagrosos são exigidos simplesmente para demonstrar que o que a palavra já informou é verdadeiro, eles não serão dados. Isso não elimina a possibilidade da revelação

---

[158] J. C. Ryle, *Expository Thoughts on the Gospels.*, Saint Luke, vol. 2. New York: Robert Carter & Brothers, 1867, Luke 16:31. R. C. *Trench, Notes on the Parables of Our Lord.* Philadelphia: William Syckelmoore, 1878, p. 357-359.

contínua, embora indique que Deus colocou, pelo menos em parte, limitações sobre ela.

Do mesmo modo, Paulo disse a Timóteo que as Escrituras do Antigo Testamento eram suficientes para equipá-lo para toda boa obra, mas isso não significa dizer que elas eram a completa revelação de Deus. Suficiência e completude não são termos sinônimos. As opções não estão limitadas a uma escolha entre Deus na sua Palavra ter deixado de dizer algo que os homens precisavam saber sobre fé e vida, em relação à necessidade de algo adicional para concluir ou dar verdadeira interpretação às Escrituras[159]. Há uma possibilidade intermediária, a de que Deus não deixou de dizer nada que precisava ser dito, embora ele, graciosamente, possa ir além disso, para compensar o fracasso do homem pecador em usar de modo mais amplo as Escrituras Sagradas.

A Graciosidade de Deus Ignorada neste Argumento

O terceiro problema desse argumento de que Deus retirou os dons é que isso deixa de fazer jus à graciosidade divina. O pressuposto que rege o argumento é de que não mais será dado aquilo que não é necessário. Quando o que é suficiente for dado ao homem, isso resultaria no fim da doação de Deus. Caso se considerasse a Bíblia como uma causa suficiente para a salvação e a santificação do homem, então seria certo pensar

---
[159] Estas são as opiniões estabelecidas em Bird, p. 29.

que não há lugar para qualquer acréscimo[160]. Entretanto, a Bíblia não é uma causa suficiente para salvação ou santificação. É preciso ressaltar que à parte da operação do Espírito Santo, a Bíblia por si só não iria gerar nenhuma salvação, nem o menor grau de santificação em qualquer homem. A suficiência da Bíblia se limita em conter tudo o que o homem precisa saber para sua salvação e sua santificação. Contudo, não é suficiente para garantir que o homem venha saber dessas coisas, nem é suficiente para assegurar que o homem as aceite se ele vier a conhecê-las. Há certamente espaço para Deus, em sua ação graciosa, em dar revelação adicional, dentro dos limites que ele revelou na revelação canônica.

Lucas 16.19-31 e 2Timóteo 3.14-17 não falam de uma suficiência que implique na completa revelação de Deus na Escritura, nem implicam necessariamente que não haja mais propósito para continuar havendo dons revelacionais. Para extrair a conclusão de que tais dons cessaram a partir de tais passagens, seria necessário adicionar à Escritura o pressuposto de que Deus não nos dá nada mais do que é absolutamente necessário. Isso não somente seria uma adição à Escritura, como já temos visto, mas também seria contrário ao modo gracioso de Deus em lidar conosco. A doutrina de que os dons desapareceram após a era apostólica não é uma dedução necessária a partir dessas passagens. Portanto, outro apoio para tal especulação deve ser encontrado.

---

[160] Uma *"causa suficiente"* significa sempre algo que rigorosamente conduz ao resultado pretendido.

ARGUMENTO 3:
Dons de revelação são sinais apostólicos

O terceiro nível de argumento que vincula o encerramento do cânon à cessação dos dons de revelação depende da conexão destes dons aos apóstolos. O papel fundamental dos apóstolos como embaixadores de Cristo já foi mencionado acima. O verso comumente citado como apoio é o de Efésios 2.20 que declara que o povo de Deus está edificado sobre o fundamento dos apóstolos e profetas. O trabalho de fundação apostólica não é repetível por causa do testemunhal caracteristicamente ocular. Se uma conexão necessária pode ser estabelecida entre os dons de revelação e a obra de fundação dos apóstolos, então a conclusão de que os dons cessaram é justificável.

O exponente máximo desse argumento foi B.B. Warfield. Ele insistiu que o plano de fundo bíblico e histórico dos dons do Espírito estava conectado aos apóstolos. Warfield não disse que apenas os apóstolos receberam os dons, mas reivindicou que apenas por meio do ministério apostólico é que os dons foram comunicados. Para tanto, observando a evidência no livro de Atos, ele observou que exceto em Pentecostes e na casa de Cornélio, os dons do Espírito nunca foram registrados como tendo ocorrido sem a imposição de mãos dos apóstolos. O caso do samaritano convertido em Atos 8 foi especialmente significativo para demonstrar que os dons foram concedidos apenas por meio dos apóstolos.

No entendimento de Warfield, embora os dons tenham sido dados para a edificação da igreja, seu propósito primário foi a autenticação dos apóstolos como mensageiros de Deus. Ele viu mais uma evidência bíblica para esta conclusão em Hebreus 2.4, Romanos 1.11 e 2Coríntios 12.12[161]. Isso significa que quando os apóstolos morreram, os dons do Espírito não foram mais dados aos homens e como os que já possuíam haviam morrido, os dons gradualmente desapareceram. É sustentado que se um dom apostólico foi temporário, não há, a priori, razão para que os demais dons também não sejam temporários. Tal distinção não é feita na lista de dons dada na Escritura. No entanto, uma vez que é estabelecida a conexão entre os dons e os apóstolos, e que desde os apóstolos os dons cessaram, segue-se que não não há razão para negar que outros dons também tenham cessado[162].

Warfield reforçou sua argumentação com uma forte polêmica histórica contra aqueles que sustentaram a continuação dos dons de revelação desde o tempo dos apóstolos até o tempo de Constantino ou talvez para além. Ele escreveu: "Há muito nesta teoria que é atrativo... no entanto contradiz toda a evidência"[163]. Em apoio a essa declaração, ele cuidadosamente examinou os escritos dos pais pós-apostólicos da igreja e mostrou que todas supostas referências à continuação dos dons de revelação, ou referiram-se ao exercício dos dons no período apostólico, ou foram baseados em rumores que o escritor tomou conhecimento em primeira mão. Na conclusão, ele mostrou que a evidência histórica é muito boa para apoiar sua teoria de que os dons foram comunicados unicamente pelas mãos de um apóstolo. Portanto, esses dons necessariamente teriam desaparecido pouco tempo após a morte do último deles. Há poucas evidências para alguma manifestação

---

[161] B. B. Warfield *Miracles*. Grand Rapids: Eerdmans, 1953. p. 21- 23; veja também p. 245, nota 50 da p. 23.
[162] D. W. Burdick *Tongues*. Chicago: Moody Press, 1972), p. 37; Bird, p. 34.
[163] Warfield, *Miracles*, p. 9. Para seu estudo sobre as evidências, veja p. 10-21.

incomum durante o segundo século e então a evidência cresce gradualmente. Warfield atribuiu este crescimento à aceitação de milagres e maravilhas espúrios. Assim, o terceiro argumento para a cessação dos dons de revelação tem sido apoiado por razões históricas, bem como bíblicas.

Refutação
Dons Revelacionais são mais do que Sinais Apostólicos

O próximo passo empreendido na tentativa de demonstrar uma justificação válida para negar a presença moderna dos dons revelacionais foi tentar ligá-los ao ministério apostólico, que cessou. Embora dificilmente se possa negar que estes dons tenham uma conexão com o ministério apostólico, será demonstrado através de fundamentação bíblica que esta conexão não é de modo algum exclusiva aos apóstolos, e, portanto, a morte do último deles não implicaria necessariamente no desaparecimento dos dons. A evidência histórica indicaria mais conclusivamente o desaparecimento destes dons, mas essa não tem sido uma base aceitável para o estabelecimento de doutrina.

Argumento Histórico

Quando a cessação dos dons revelacionais está ligada à sua relação com os apóstolos, o argumento histórico é geralmente uma parte muito importante de toda a discussão. Referindo-se à 1Coríntios 13.8, Gromacki escreveu ter sido "*claramente afirmado que o dom de línguas cessaria, e a história da igreja revelou que isso aconteceu no primeiro século*"[164]. A evidência apresentada certamente é forte.

Por outro lado, as passagens citadas pelos pentecostais para mostrar que os dons milagrosos continuaram na principal linha da igreja, foram citadas e discutidas por Warfield e outros, para mostrar que tais dons não eram conhecidos em primeira mão por qualquer um dos líderes da igreja pós-apostólica até o tempo de Agostinho. Falaram dos dons como sendo exercidos no tempo dos apóstolos, ou nos grupos heréticos, ou em seus próprios lugares remotos[165]. O argumento é convincente, embora algumas pessoas desafiem essa conclusão. Ainda assim, ele não tem valor como base para a doutrina cristã, sobretudo porque um argumento que pretende mostrar que a igreja está sujeita e depende unicamente das Escrituras é auto-contraditório ao repousar em pressupostos extrabíblicos.

Em segundo lugar, ao mesmo tempo que um argumento histórico é extrabíblico, ele também é necessariamente indutivo. Isto porque se apoia em casos particulares e, pela generalização, fornece uma lei. Assim, nunca se pode ter certeza de que não haja outros casos apontando para uma direção diferente. Além disso, mesmo se a história pudesse ser investigada e fosse determinado que não houve manifestações de qualquer um ou de todos os dons nesse período, isso não seria nenhuma garantia para conclusão normativa de que os dons não poderiam, na

---

[164] R. G. Gromacki, *The Modern Tongues Movement*. Philadelphia: Presbyterian and Reformed Publishing Co., 1967, pp. 140-141; K. S. Ward, *Spiritual Gifts in the Apostolic Church*. Prahran, Victoria, Australia: [n.n.], 1972, p. 20. Deve-se notar que muitos contestam essa leitura da história da igreja.

[165] B. B. Warfield, *Miracles*. Grand Rapids: Eerdmans, 1953, p. 10-21.

sabedoria de Deus, ser introduzidos em uma época posterior, em circunstâncias absolutamente diferentes[166]. Não importa o quão convincente parece ser, mas um argumento histórico não é uma base aceitável para a doutrina cristã.

Reivindicação bíblica de que os dons são Apostólicos

A alegação de que os dons revelacionais são apostólicos deve permanecer ou ceder em relação à base bíblica dada por ela. Esta premissa irá ser considerada em três etapas: **1)** o derramamento do Espírito Santo em Atos, analisado em conjunto com a previsão do Pentecostes (Jl 2.28-32); **2)** os dons como sinais dos apóstolos (Hb 2.3-4; 2Co 12.12); e **3)** o lugar dos apóstolos na lista dos dons, particularmente em 1Co 12.28.

Vamos considerar uma série de outras passagens ligadas com aspectos posteriores do argumento apresentado para a cessação de dons revelacionais.

O palco estava montado para a vinda do Espírito com seus dons pela profecia de Joel (2.28-32). Quando Judá estava sofrendo de uma praga grave de gafanhotos, Deus falou através de Joel para declarar que este desastre físico era um aviso ou um lembrete de que ele estava certamente vindo em juízo. O profeta chamou o povo ao arrependimento, e prometeu que Deus teria piedade deles caso se arrependessem. No meio das

---

[166] K. McDonnell, *"Catholic Pentecostalism: Problems in Evaluation"*, Dialog, IX (Winter, 1970), p. 48. Note que a profecia aparentemente desapareceu completamente na época de Malaquias a João Batista.

promessas enumeradas está a da vinda do Espírito Santo sobre "toda a carne". O tempo dessa visitação foi esclarecido por Pedro no dia de Pentecostes de duas maneiras. Primeiro, ele declarou que a profecia foi cumprida naquele tempo, e em segundo lugar, interpretou o "depois desses dias" (Jl 2.28) como "nos últimos dias" (At 2.17), enquanto não é feita qualquer distinção na profecia de Joel entre o tempo dessa visitação pelo Espírito Santo e a vinda do Senhor em juízo. Os dois são vistos como parte de um único evento. Assim, nada na passagem sugere uma limitação sobre qualquer um dos fenômenos à apenas uma parte do tempo entre o Pentecostes e a segunda vinda.

O Espírito há de ser derramado sobre toda a carne – e há uma diferença significativa de opinião sobre o que se entende da expressão "toda a carne". Alguns insistem que Joel tinha em vista apenas seus compatriotas[167], enquanto outros, insistem na palavra "toda" para ajustar a profecia à extensão universal do evangelho[168]. No contexto, a referência principal é definitivamente Judá e seu povo.

No entanto, nem o Antigo Testamento, nem o Novo, permitem que a promessa do evangelho seja limitada à Israel. Israel é a primícia, mas a colheita é feita em todo o mundo. Extrair essa dupla referência abre caminho para entender a conexão entre as várias efusões do Espírito em Atos. A profecia de Joel falou de apenas um dom do Espírito, o dom da profecia, e afirmou que não seria limitado a qualquer classe de homens. Jovem ou velho, homem ou mulher, escravo ou

---

[167] W. H. G. Thomas, *The Holy Spirit of God*. Chicago: The Bible Institute Colportage Association, [n.d.], p, 41; O. Schmoller, *The Book of Joel*, trans. J. Forsyth. New York: Scribner, Armstrong & Co., 1874, pp. 29-30.

[168] Calvino, *Joel, Amos, Obadiah*, trans. John Owen, Vol. II, *Commentaries on the Twelve Minor Prophets* Grand Rapids: Eerdmans, [n.d.], Joel 2:28; John Gill, *An Exposition of the Old Testament*, Vol. IV. London: William Hill Collinridge, 1852, Joel 2:28; C. F. Keil, *The Twelve Minor Prophets*, Vol. I, trans. J. Martin, in C. F. Keil and F. Delitzsch, *Biblical Commentary on the Old Testament*. Edinburgh: T. & T. Clark, 1878, Joel 2:28.

livre, todos iriam partilhar dessa benção. Nesse ponto, como tantas vezes na Bíblia, a expressão "todos" faz referência, sem dúvida, a todas as classes, e não a indivíduos específicos. Deve significar que todas as classes participariam amplamente dos dons, como exemplificado pelo dom da profecia. Que não seria nenhuma novidade falar sobre mulheres profetisas, ou de profetas como sendo jovens ou velhos. O novo aspecto deveria estar na amplitude da participação nos dons do Espírito, e esta nova dimensão apareceu quando o Espírito de Cristo desceu aos homens no dia de Pentecostes.

O Pentecostes é portanto o ponto de partida para examinar o registro em Atos. Ele representa a inauguração oficial do Reino de Cristo em poder[169]. Há duas razões específicas para se dizer isso. Em primeiro lugar, Jesus exigiu que os discípulos, antes de saírem para testemunhar, esperassem até que recebessem o Espírito (At 1.4-8): *"Mas recebereis o poder do Espírito Santo que há de vir sobre vós; e ser-me-eis testemunhas tanto em Jerusalém como em toda Judéia e Samaria, e até aos confins da terra"* (At 1.8). Em segundo lugar, imediatamente após o recebimento do Espírito, os discípulos tornaram-se corajosos e poderosos no seu testemunho. No aspecto de inauguração do reino, o Pentecostes não é repetível, estabelecendo um padrão paradigmático para tudo o que se segue na história da igreja[170]. Há três elementos que parecem ser normativos: O Espírito Santo vem sobre todos os que estão presentes, opera manifestações visíveis de dons revelacionais, e, por fim, concede poder para testemunhar.

---

[169] H. J. Stolee; *Speaking in Tongues*. Minneapolis, Minn.: Augsburg Publishing House, 1963, p. 32; Calvin; *Acts of the Apostles*, 2 vols., eds. D. W. Torrance, T. F. Torrance, trans. J. Fraser, W. J. G. MacDonald, Vols. VI-VII, *Calvin's Commentaries*. Grand Rapids: Eerdmans, 1965, Acts 2:38.

[170] N. B. Stonehouse, *"Repentance, Baptism and the Gift of the Holy Spirit"*, Westminster Theological Journal, XIII (Nov., 1950), 5-6.

A despeito de algumas, a descida do Espírito Santo no Pentecostes veio sobre toda a comitiva dos discípulos presentes[171]. O 'todos' em Atos 2.1,4, deve remeter aos "irmãos" de 1.15, um grupo de aproximadamente 120[172]. Quando apenas os apóstolos são visados, Lucas fala deles como "os doze" ou "Pedro e os onze", ou alguma anotação semelhante. Portanto, toda aquela companhia recebeu o Espírito Santo. Mas que importância estaria ligada a este recebimento do Espírito Santo?

É claro que nessa passagem e em outros lugares, Lucas não se refere principalmente ao Espírito que vem para a regenerar e santificar. O Espírito estava presente para regenerar e santificar os eleitos por toda a história, assim isso não seria nenhuma surpresa ou novidade. O que não significa, entretanto, que o Pentecostes excluiu a regeneração e santificação. O dom concedido era o Espírito Santo, e sua vinda cumpriu a profecia do batismo de João, no Espírito Santo e no fogo (Mt 3.11). Mas o batismo representa, entre outras coisas, a regeneração. Além disso, a salvação foi um dos fatores envolvidos na profecia do derramamento do Espírito Santo (Jl 2.32). Certamente, aqueles que são batizados no Espírito Santo ou já são regenerados, ou passam a sê-lo. No entanto, a regeneração levando à salvação e santificação estava em segundo plano. O Pentecostes foi o início da igreja como a nova forma da comunidade da aliança, a representação visível do domínio de Cristo e isto implicava na necessidade de regeneração, mas também em poder que se manifestou através dos dons do Espírito Santo.

Sem subtrair a importância da regeneração e da santificação, a ênfase em Atos era que quando o Espírito era dado, trouxe poder. Apenas ocasionalmente o Espírito havia vindo

---

[171] Ward p. 38-39 argumenta que somente os apóstolos receberam os sinais.
[172] J. A. Alexander, *Commentary on the Acts of the Apostles*, 2 vole. in 1. 3rd ed. reprint: Grand Rapids: Zondervan, 1956, "Acts 2.1".

aos homens sob a antiga aliança com dons que manifestavam o poder do Reino. A coisa mais notável do Pentecostes foi que toda a igreja recebeu o Espírito, não só para regeneração e santificação, mas com o poder do reino se tornando visível nos seus dons. Então os discípulos, depois de haverem sido batizados no Espírito Santo, falaram em diferentes línguas, incluindo, pelo menos, todas as línguas representadas naquela multidão que se reunia. Mas como isso se relaciona com Atos 2:38, onde foi prometido que aqueles que se arrependessem e fossem batizados iriam receber o dom do Espírito Santo?

A possibilidade de que a salvação foi incluída nos benefícios do recebimento do Espírito Santo não pode ser negada[173]. No entanto, o contexto mostra que a ênfase principal se liga ao fato de que quando o Espírito veio, ele trouxe consigo dons de poder. A multidão se reuniu por causa da manifestação do Espírito no falar em línguas. Eles ficaram maravilhados com isso quando Pedro se dirigiu a eles, descrevendo esse dom como o cumprimento da profecia de Joel sobre o derramamento do. O apóstolo convocou-lhes ao arrependimento, e prometeu que eles também receberiam o Espírito. Sem dúvida, Pedro estava indicando que iriam participar dos sinais visíveis da presença do Espírito que os havia surpreendido, em particular, o dom de línguas[174].

Deveria estar claro que o dom de línguas era o representante do completo catálogo de dons do Espírito Santo, conforme vimos anteriormente na tabela apresentada no capítulo 1. Isso é corroborado pelo fato de que Pedro aplica a profecia de Joel

---

[173] F. F. Bruce, *Commentary on the Book of the Acts*, Vol. V of *The New International Commentary on the New Testament*. Grand Rapids: Eerdmans, 1971, Acts 2.37-38. Stonehouse, "Repentance' p. 16.

[174] Calvino, *Acts 2:38*. Stonehouse, *"Repentance"*, p. 16.

ao evento de Pentecostes e esta conexão também fortalece o argumento de que as línguas são um dom de revelação.

Também é muito proeminente na narrativa do Pentecostes, o fato de que o Espírito concede poder para testemunhar, sendo declarado explicitamente em Atos 1.8, visto na prática com a conversão de três mil em Pentecostes e continuando na propagação da igreja através do período de Atos. O poder para testemunhar foi estendido antes de tudo aos judeus, como se podia esperar pela centralidade da Judéia na profecia de Joel. No entanto, não poderia permanecer limitado a ele, porque a comissão era para toda a terra, e este elemento universal do evangelho era evidente na profecia de Joel. O Pentecostes foi então estendido numa série de eventos que refletiam a inauguração inicial do reino.

A segunda etapa na manifestação Pentecostal do domínio de Cristo ocorreu em Samaria (At 8.4-25). Sob implacável perseguição, os discípulos foram espalhados, e conforme eles se dispersavam, a Palavra era anunciada. Filipe pregou em Samaria, e multidões creram sendo batizadas. No entanto, eles não receberam o Espírito Santo até que os apóstolos vieram, oraram e impuseram as mãos sobre eles. Este fato é intrigante e faz com que essa passagem seja muito importante na interpretação da vinda do Espírito Santo e seus dons.

Deveria ficar claro que, em primeiro lugar, a vinda do Espírito Santo, tanto aqui como em Pentecostes, era para todos os cristãos a ênfase na manifestação de dons espirituais visíveis, em vez de regeneração e de santificação[175]. Enquanto os dons não são diretamente mencionados, eles são claramente

---

[175] Stonehouse, *"Repentance"*, p. 10-11. Calvino, *Acts 8:16*, declarou: "E, certamente, Lucas não está falando aqui sobre a carência geral do Espírito, pelo qual Deus regenera o ser seus próprios filhos, mas sobre esses dons especiais..."

implícitos em Atos 8.18. Houve alguma manifestação visível e inegável que Simão testemunhou.

Esta passagem tem sido considerada como uma indicação particular de que os dons estão ligados aos apóstolos, indicando que os dons não foram recebidos, até que os apóstolos vieram e impuseram as mãos sobre os samaritanos:

> O primeiro passo dado é formal e a oração especial de dois Apóstolos, para que os convertidos possam receber o dom do Espírito Santo. O tempo aoristo, προσηύξατο [orou – 8.15], denota que a oração foi feita de uma vez por todas. Mas outro tempo é usado para descrever a imposição das mãos. Esse tempo é o imperfeito, έπετίθουν [puseram - 8.17], e isso implica que os dois apóstolos repetiram essa cerimô-nia para cada indivíduo que lhes fossem apresentados; ao mesmo tempo, έλάμβανον [eles receberam 8.17], implica na constante sucessão da elipse sobre os destinatários, os quais "receberam o Espírito Santo". Isso era ofício reservado aos apóstolos.[176]

Esta parece ser uma conclusão razoável, embora outras, incluindo todas as de convicção Pentecostal, terem vigorosamente rejeitado isso[177]. Certamente isso não pode ser conclusivamente negado a partir dessa passagem, onde a concessão dos dons do Espírito Santo foi reservada aos apóstolos. No entanto, essa mesma passagem não afirma que somente através dos apóstolos poderá haver recebimento de dons espirituais.

---

[176] A. C. Downer, *The Mission and Ministration of the Holy Spirit*. Edinburgh: T. & T. Clark, 1909, p. 134.
[177] Alexander: Acts 8:14-15; Bruce, Acts 8:15-17.

Diz apenas que, nesse caso, foi o que ocorreu. O Pentecostes pode ser considerado como reiterado em Samaria. O que aconteceu não foi algo novo, mas uma extensão da inauguração do reino dos judeus aos seus companheiros adoradores de Jeová, os samaritanos. É como abrir uma nova ala num edifício antigo. Agora, o reino foi oficialmente estendido a todos os circuncidados de Israel, para todos quantos adoraram Javé antes da encarnação de Cristo.

A terceira etapa da extensão oficial do domínio de nosso Senhor é a conversão de Cornélio, como registrado em Atos 10. Isso ampliou o Senhorio de Cristo e reconheceu além das fileiras do judaísmo, a incorporação dos gentios, que primeiramente não eram judeus. Como tal, o cumprimento da profecia de Joel estava mais próximo de sua conclusão. A efusão do Espírito Santo em Pentecostes foi manifestada numa nova área. Mais uma vez o Espírito veio sobre toda aquela comitiva ("todos aqueles que estavam ouvindo") e trouxe o dom de línguas. Com Atos 10 em vista, pode-se presumir tanto aqui como na efusão em Samaria que o Espírito trouxe poder para o testemunho. Mas é necessário dizer que essa passagem suscita sérios problemas para aqueles que desejam afirmar a concessão de dons revelacionais como unicamente possível somente através do ministério dos apóstolos. Neste caso, note que Pedro não impôs as mãos sobre Cornélio, nem em ninguém de sua comitiva, assim como não orou para que eles recebessem o Espírito Santo, porquanto tinha apenas começado a instruí-los (At 10.44). No entanto, se esse for o Pentecostes inicial entre os gentios, deve ser considerado único no mesmo sentido em que o Pentecostes foi único. Também se pode argumentar que nada menos do que uma repetição dos fenômenos do Pentecostes teria convencido os cristãos judeus de que os gentios deveriam ser admitidos na igreja sem antes se tornarem prosélitos judeus, e serem admitidos ao judaísmo através da circuncisão[178]. Alguém poderia ser cético quanto à validade da insistência de que os dons revelacionais são conferidos apenas através da imposição das mãos de um apóstolo. No entanto, é fato, a situação na casa de Cornélio é suficientemente única que não pode ser tomada como evidência para desmentir essa hipótese. Há mais uma descrição do derramamento geral do Espírito, registrado em Atos 19.1-7. Em Éfeso, Paulo se encontrou com um grupo diferenciado de "discípulos". Ao que parece, eles eram seguidores de João, e acreditavam no Messias de quem João foi um arauto. Na verdade, como visto, eles provavelmente nem sabiam que Jesus era o Messias. Desse modo, a fé deles ainda estava no terreno do Antigo Testamento, ignorando o estabelecimento de uma nova aliança com a morte e ressurreição de Cristo, e o envio do seu Espírito[179]. Descobrindo isso, Paulo os instruiu nesses assuntos e batizou-lhes em Cristo. Quando impôs as mãos sobre eles, receberam o Espírito Santo com a manifestação dos dons de línguas e profecia. Aqui, novamente, há uma repetição dos eventos que ocorreram no Pentecostes. Todos os que estão presentes receberam o Espírito Santo e seus dons, desta vez com o dom de profecia especificado. Como em Samaria, o Espírito foi recebido através da imposição das mãos de um apóstolo. Isso é claro, mas é mais difícil ver como esse evento se encaixa no padrão das extensões de Pentecostes para o mundo todo. O Pentecostes e a conversão de Cornélio se encaixam, abrindo a porta do Reino para os gentios. Não é difícil ajustar Samaria ao padrão, caso se admita que os fiéis do Antigo Testamento foram separados dos judeus. Mas o que

---

[178] F. C. Bruner, *A Theology of the Holy Spirit*. Grand Rapids: Eerdmans, 1970, p.191.

[179] Alexander, Acts 19:3; Bruce, Acts 19:1; Stolee, p. 42-43.

deve ser dito sobre esse último grupo? Certamente eles já estavam incluídos no próprio evento do Pentecostes? Diferentes explicações são dadas, mas isso continua a ser um problema grave para o argumento final que irá ser apresentado.

As perguntas de Paulo a esses discípulos causam problemas para aqueles que afirmam que os dons do Espírito Santo foram transmitidos somente através do ministério apostólico. Em cada caso registrado em Atos a vinda do Espírito Santo enfatizou dons e poder espiritual para o testemunho, em vez de regeneração e santificação[180]. Mas Paulo expressou a expectativa de que, se eles eram cristãos, deveriam ter recebido o Espírito. Dirigiu-se a eles como cristãos, e por isso não estava perguntando se haviam sido regenerados. A ênfase aqui é novamente sobre a vinda do Espírito com dons. Isto é sublinhado pelo fato de que, se eles receberam o Espírito eles também receberiam os dons revelacionais. A contínua investigação de Paulo sobre estado espiritual deles dependia do fato de sequer saberem da existência do Espírito, ao invés de inquirir sobre o fato de eles não o terem recebido. Contudo, sua primeira pergunta certamente sugere que, normalmente, os cristãos receberiam o Espírito Santo e os seus dons no momento da sua conversão. Paulo não perguntou: "Recebestes vós o Espírito Santo *desde* que crestes?", mas "recebestes vós já o Espírito Santo *quando* crestes?"[181]. A primeira questão seria mais natural, por outro lado, se Paulo pensava que os dons seriam recebidos apenas pelo ministério de um apóstolo, isso não poderia ocorrer até algum tempo depois da conversão. Embora a teoria de que os dons estivessem intimamente ligados aos apóstolos seja um

---

[180] Alexander, Acts 19:6-7; Stonehouse, *"Repentance"*, p. 13; H. N. Ridderbos, *The Coming of the Kingdom*, trans. H. de Jongste, ed. R. O. Zorn. Philadelphia: Presbyterian and Reformed Publishing Co., 1962, p. 258.

[181] Bruce, Acts 19:1-2. Veja esp. nº 8.

fato histórico, a passagem da vinda do Espírito aos discípulos de Éfeso, na verdade, dá absoluta razão para rejeitar essa visão.

Uma passagem final em Atos ainda mais nitidamente desafia a visão de que os dons do Espírito foram recebidos apenas por meio dos apóstolos, ou seja, a narrativa da conversão e do batismo de Paulo (At 9.1-19). Esta passagem evidencia de maneira muito clara que o Espírito Santo foi concedido à Paulo pela imposição das mãos de Ananias, que não era um apóstolo. Warfield objetou dizendo que: "Ananias operou um milagre em Paulo, mas não conferiu poderes milagrosos a ele. A fonte de poder para operar milagres era algo original a Paulo porque ele era apóstolo, e não conferida por qualquer pessoa"[182]. Isso é, inegavelmente, uma interpretação especulativa sem qualquer indicação de que os "poderes miraculosos" foram conferidos em separado do Espírito de quem os poderes derivam. Em Atos, por repetidas vezes, o recebimento do Espírito está associado a poderes milagrosos e em nenhum local isso é absolutamente negado. Sem provas do contrário, deve-se presumir que o recebimento do Espírito em Paulo se encaixa no padrão normal. A alegação de que ele, como apóstolo, foi uma exceção que não afetou a regra geral de que os dons do Espírito foram recebidos através dos apóstolos, poderia ser confirmada apenas se Paulo fosse excepcional e se nenhum agente humano fosse envolvido no seu recebimento do Espírito. Se um dos apóstolos recebeu os dons do Espírito através de um agente humano não sendo ele mesmo um apóstolo, claramente contradiz a suposta regra da agência apostólica em conferir os dons.

Mesmo se não houvesse questões levantadas por outros registros históricos, nesse caso, seria o suficiente para mostrar

---

[182] Warfield, *Miracles*, p. 245, nota 48.

que o Espírito Santo e seus dons podem ser recebidos além da imposição das mãos de um apóstolo[183].

Há três problemas básicos com o argumento de que, no livro de Atos, os dons do Espírito eram conferidos apenas através dos apóstolos. O primeiro é a quantidade de especulação necessária para contabilizar elementos que não se encaixam facilmente nessa teoria. Tal especulação só é aceitável se a hipótese pudesse ser apoiada por outros motivos.

O segundo problema é que isso é, novamente, um argumento histórico. Como tal, o seu único valor é mostrar que o trabalho histórico de Deus esteve de acordo com os princípios que ele mesmo definiu. Em outras palavras, essa teoria só terá valor caso seja estabelecida por outros motivos.

Em terceiro lugar, essa teoria é difícil de conciliar com a universalidade dos dons na igreja apostólica. Com poucas exceções, até mesmo aqueles que sustentavam que os dons eram conferidos apenas através dos apóstolos, concordaram que praticamente todos os cristãos nesse período exerceram esses dons[184]. Foi observado que quando o Espírito veio, ele veio sobre toda carne, e todos eles exerceram os dons.

Se Atos 2.38 for levado com relação a declaração de Pedro de que as línguas em Pentecostes foram o cumprimento da promessa do Espírito em Joel, então, segue-se que todas as três mil pessoas convertidas na ocasião, receberam o Espírito Santo e seus dons. À medida que os dons podem ser vistos em toda a igreja primitiva, fica difícil acreditar que os apóstolos foram conferindo os dons sobre tão grande número de pessoas. Será que Paulo conferiu esses dons a cada um dos membros

---

[183] Alexander; Acts 9:17; Bruner, p. 190; J. D. G. Dunn, *Baptism in the Holy Spirit, Studies in Biblical Theology*, 2d ser., no. 15. Napierville, Ill.: Alec R. Allenson, 1970, p. 58-59.

[184] *e.g.* C. G. Omerly, *"Glossalalia in First Corinthians Fourteen,"* Tese de mestrado não publicada. Philadelphia: Westminster Theological Seminary, 1971, p. 118; Warfield, *Miracles*, p. 4-5.

da igreja de Corinto? Se ele o fez, o que poderia então se dizer quanto sua ação de graças de que não havia batizado mais do que um punhado de crentes daquela igreja (1Co 1.14)? O argumento apostólico era que ele não tinha dado nenhum motivo para que os crentes de Corinto o tomassem como epicentro de um grupo sectário. Mas, se ele tivesse sido o agente no recebimento dos dons espirituais que eles tiveram, então teria sido suficiente e razoável gritar: "Eu sou de Paulo!" (1Co 1.12).

A declaração de Paulo no verso quatorze não teria qualquer força se, ao invés de batizá-los, ele tivesse conferido dons espirituais a eles[185]. É mais razoável acreditar que Deus deu o seu Espírito e os seus dons revelacionais para os crentes em todas as áreas, havendo ou não isso acontecido devido a atuação de um apóstolo como agente.

Mas se o livro de Atos não fornece base suficiente para dizer que os dons estão inseparavelmente ligados ao ministério apostólico, tem sido afirmado recorrentemente que a base necessária pode ser encontrada em passagens como Hebreus 2.3-4 e 2Coríntios 12.12.

Saucy afirma quanto a Hebreus 2.3-4 que

> é importante notar que o propósito de toda atividade miraculosa é para 'dar testemunho' da proclamação original da nova mensagem de salvação. Nada neste texto sugere que esse testemunho miraculoso iria acompanhar toda proclamação posterior da salvação nem sugere que os milagres seriam para a vida geral da Igreja em sua luta contra o mal"[186].

---

[185] Bruce, Acts 8:15-17.
[186] Robert L. Saucy. "An open but cautious view", *Are miraculous gifts for today*, p. 110. Edição em português publicada pela Vida, 2003, p. 115.

Mas Hebreus não ensina aqui que cada milagre servia para dar testemunho da proclamação original, e sim que o anúncio original, a mensagem bíblica, estava confirmado por milagres. Saucy comete um erro lógico na sua interpretação. É verdade que os cães são mamíferos, mas isso não significa que todos os mamíferos são cães. Se o início do testemunho foi apoiado por milagres isso não significa que esse seja o único propósito dos milagres. Em outra parte, é claramente declarado que todo dom tem o propósito de edificar (1Co 14).

A alegação feita sobre a passagem de Hebreus diz que o testemunho de Deus por "sinais e maravilhas, e diversos milagres" deixou de ter lugar com os apóstolos.

O verbo 'foi confirmado' (v. 3) é o aoristo grego *ebebaiōthē*, que nesse e na maioria dos casos, é equivalente ao nosso passado simples. A confirmação servia para um evento passado e assim era também um testemunho comprobatório do qual Deus proveu na forma de milagres e dons do Espírito Santo (v. 4). Isto é evidente, porque o particípio do tempo presente no grego para 'testemunho' (*synepimartyrountos*) descreve a ação contemporânea com a do verbo principal 'foi confirmado' (*ebebaiōthē*). Assim, o autor de Hebreus escreveu que tanto o testemunho ocular como a comprovação miraculosa seriam eventos passados. Os tempos verbais não indicam que essas coisas ainda estivessem em processo de ocorrência[187].

---

[187] D. W. Burdick, *Tongues*. Chicago: Moody Press, 1972, p. 38. Veja também Gromacki, p. 77-78.

Esta análise é certamente correta. As regras da gramática grega tornam muito claro que o escritor está se referindo aos milagres ocorridos no passado para confirmação das testemunhas oculares e seus respectivos testemunhos. "Dar testemunho" só tem referência à ação de Deus em relação a essas testemunhas oculares que "confirmaram" o testemunho de Cristo para o autor de Hebreus e seus leitores. Mas não diz nada sobre sua ação no que diz respeito àqueles que estão dando testemunho de Cristo hoje. A situação em vista de Hebreus é o contraste entre o testemunho da antiga aliança, mediada através de anjos, e o testemunho do novo pacto mediado por Cristo e seus apóstolos. A tentativa de alargar esse sentido e fazer um contraste entre a era apostólica e a era posterior da igreja, é uma absoluta impropriedade. Além disso, essa tentativa exige a conclusão de que os dons extraordinários já tivessem cessado quando Hebreus foi escrito, o que é insustentável diante da própria posição.

> Os escritores do Novo Testamento (incluindo o nosso autor, neste ponto) não teriam apelado para a evidência dessas manifestações miraculosas se houvesse qualquer possibilidade de seus leitores responderem que eles nunca haviam visto ou ouvido falar de tais coisas. Estas eram questões de conhecimento comum e uma experiência cristã bastante disseminada[188].

Hebreus 2.1-4 nos diz que Deus deu testemunho de uma forma notável ao ministério das testemunhas oculares

---

[188] F. F. Bruce, *The Epistle to the Hebrews*, Vol. XIV of *The New International Commentary on the New Testament*. Grand Rapids: Eerdmans, 1964, Hebreus 2:4.

de Cristo. Mas em hipótese alguma diz que ele deixou de dar tal testemunho depois.

Ainda menos adequado para provar que não possa haver dons revelacionais sem a existência contínua dos apóstolos seria 2Coríntios 12.12. Paulo se posiciona justamente contra aqueles que estavam levando a Igreja dos coríntios a se desviar, e lembrou-lhes que havia mostrado sinais de um verdadeiro apóstolo em *"sinais, prodígios e maravilhas"*. Não se pode derivar disso que esses dons extraordinários pertenciam com exclusividade aos apóstolos, de tal modo que, nenhuma outra pessoa poderia exercê-los. O que é afirmado é que os verdadeiros apóstolos podem ser identificados por certos dons que foram dados por Deus para o seu ministério.

Hodge enumera uma série de outros dons necessários para o verdadeiro apóstolo, além desses que foram mencionados aqui (como o conhecimento plenário do evangelho, a fidelidade no ensino e a santidade)[189]. Esses, como um todo, eram os sinais de um apóstolo. Não há dúvida de que os sinais confirmaram os apóstolos, mas demonstrar que eles cessaram quando o apostolado teve fim exigiria a demonstração de que o seu único propósito era o de testemunhar a autoridade apostólica. E até o presente tempo, ninguém demonstrou.

Entretanto, deve ser demonstrado de forma bíblica que existem outros fins para os dons, além daqueles que servem para dar testemunho da autoridade dos apóstolos. Dois outros fins, edificação da igreja e adoração, serão apoiados mais adiante. A preocupação agora é mostrar que os dons não deram simplesmente um testemunho dos apóstolos, mas de Deus e da sua

---

[189] Charles Hodge, *A Commentary on the Second Epistle to the Corinthians* (reprint ed.: London: Banner of Truth Trust, 1963), 2Cor. 12:12.

palavra¹⁹⁰. Devido ao fato de os apóstolos serem embaixadores de Cristo, e testemunhas competentes encarregadas de levar a Palavra de Deus aos homens, depois do Pentecostes os dons foram associados com maior frequência, e preeminentemente, aos apóstolos. Entretanto, como já foi visto, os sinais não estavam limitados a eles. Na verdade, sinais e maravilhas foram registrados em diversos pontos onde o evangelho estava sendo pregado, não necessariamente contando com a presença dos apóstolos (At 6.8; 8.5-8; Lc 10.17), nem mesmo com a presença de testemunhas oculares (*cf.* 1Co 14.22 com 1Co 15.1-11). Nas últimas referências, notamos Paulo declarar aos coríntios que as línguas e profecia na sua igreja seriam sinais para os incrédulos e também para os crentes. Mas a implicação dos primeiros versículos do capítulo quinze é de que nenhum dos coríntios esteve entre as testemunhas oculares da ressurreição. Aqui está a evidência conclusiva para apoiar a afirmação acima, que Hebreus 2.1-4 não limita os sinais a atestação das testemunhas oculares de Cristo. Aqueles que pregavam a Palavra de Cristo foram credenciados pelos milagres e sinais, sejam apóstolos, testemunhas oculares, ou outros cristãos.

O terceiro argumento para demonstrar que os dons revelacionais não podem ser separados do ministério apostólico é baseado na revelação de que o apostolado é em si um dos dons (*cf.* 1Co 12.28). Entretanto, as limitações que Pedro colocou sobre esta qualificação manifestam que o ofício apostólico deixou de existir (At 1.21-22). Uma vez que as testemunhas oculares de Cristo morreram, não poderia haver mais apóstolos. Mas se o apostolado cessou, por que os outros dons nas

---

[190] Isso fica muito evidente quando se olha as ocorrências, numa boa concordância, de *"sinal"* e *"sinais"*. Os *"sinais, prodígios e milagres"* parecem ser quase que um termo técnico que surge repetidamente de modo total ou parcial. Na grande maioria dos casos refere-se à comprovação da Palavra de Deus quando esta é entregue por homens. Muitas vezes a palavra é particularmente um convite para servir ao Senhor.

listas continuariam?[191] Esse argumento pressupõe que os dons estão tão estreitamente ligados que não podem ser separados. Por outro lado, Paulo os separou nessa mesma passagem. Com efeito, no versículo 29 ele declarou que nem todos os dons foram dados a todo cristão. No contexto lemos também que alguns têm um determinado dom, enquanto outros, dom diverso. Assim, cada um deve exercer o seu próprio dom para a edificação. Portanto, se há indícios para alegar que o apostolado cessou, esses mesmos indícios não dizem nada acerca dos outros dons do Espírito. Como então podemos concluir que esses também tenham cessado?

    A presente investigação da tese de que os dons revelacionais estavam tão ligados aos apóstolos, que somente restaria a conclusão de que cessaram quando os apóstolos morreram, demonstrou que a evidência bíblica mencionada não pode provar esse ponto. Sem dúvida, há uma relação definida entre o ministério apostólico e os dons, mas essa relação não exclui outras conexões importantes. Isso fica ainda mais claro quando somos lembrados ser amplamente assumido que os dons não-revelacionais, tais como ensino e serviço, continuam. Mas não há nenhuma evidência sugerindo que eles sejam recebidos de algum modo diferente de como são recebidos os dons revelacionais. Uma necessária conexão dos dons revelacionais com os apóstolos não apoia a conclusão de que os dons cessaram ao final da era apostólica.

---

[191] Burdick, p. 37.

ARGUMENTO 4:
A revelação em Cristo é final e perfeita

O quarto argumento para a cessação dos dons encontra sua base na finalidade da revelação em Jesus Cristo. Essa referência em particular é feita em Hb 1.1-4 e o contraste que é delineado entre a revelação dos profetas e a revelação *"nestes últimos dias"* pelo Filho de Deus. Então Calvino escreveu que

> Deus não fala mais como antes, de forma intermitente, através de alguns e outros; nem ele irá adicionar profecias às profecias ou revelações às revelações. Em vez disso, ele cumpriu todas as funções de ensino em Seu Filho o qual nós devemos considerar como sendo o testemunho final e eterno d'ele[192].

O que mais poderia ser adicionado quando o próprio Deus veio a nós na pessoa de seu Filho? Chantry escreveu que "os apóstolos e seus livros são vistos em Hebreus 2.1-4 como meramente confirmando o que o Bom Profeta já havia dito[193]. "Reivindicar que a revelação especial continuou, lançaria dúvidas sobre a suficiência de Cristo em si mesmo"[194]. A conclusão delineada no *Novo Dicionário Bíblico* é muito suave:

---

[192] Inst. IV:viii:7.
[193] Chantry, p. 34.
[194] Shank, p. 36.

Podemos pelo menos dizer que os milagres do Novo Testamento foram distintos de qualquer milagre subsequente em virtude de sua imediata ligação com a plena manifestação do Filho de Deus encarnado, com uma revelação dada em sua plenitude[195].

Geralmente não há nenhuma dúvida na mente dos defensores desta tese de que a revelação final e perfeita em Cristo opõe-se à qualquer continuação dos dons de revelação.

Refutação
A Finalidade da Revelação em Cristo Proíbe Alterações, Não Revelações

A terceira fase da tentativa de demonstrar que existem motivos para se crer que os dons revelacionais cessaram, localiza sua pretensão na finalidade da revelação em Cristo. Isso será respondido quando considerarmos as três passagens tomadas como textos-prova nos Símbolos de Westminster: Hebreus 1.1-2 (CFW 1:1); Gálatas 1.8-9 (CFW 1:6); e Apocalipse

---

[195] M. H. Cressey *Miracles, The New Bible Dictionary.* ed. J. D. Douglas. Grand Rapids: Wm. B. Eerdmans Publishing Co., 1970. p. 831.

22.18-19 (CM [BC] 3). Alguns afirmam que essas passagens apontam para o fato de que a Bíblia contém "...todas as revelações existentes de Deus, projetadas para ser uma regra de fé e prática na igreja"[196]. As verdades da revelação geral constam nas Escrituras, o que implica afirmar que a revelação especial cessou. Veremos entretanto que essas passagens citadas não sustentam a afirmação de que a revelação especial cessou, mas sim, demonstram limitações em que qualquer revelação especial continua sendo vinculada.

Hebreus 1.1-2 (CFW 1:1)

No argumento que estamos considerando, Hebreus 1.1-2 é o ponto de partida para contrastar duas dispensações da aliança da graça de Deus. Na antiga dispensação, Deus se revelou numa variedade de tempos, lugares e métodos, por meio de meros homens, a saber, seus profetas. A nova dispensação então foi anunciada quando Deus se revelou através do Filho. Mas qual é o significado da vinda do Filho nestes últimos dias?

A alegação mantida acerca de Hebreus 1.1-2 afirma que o primeiro tipo de revelação através homens dotados durante longos períodos de tempo não existirá mais[197]. A revelação em Cristo é o testemunho final e eterno, o testemunho dos últimos dias. Nada pode ser adicionado à essa revelação em Cristo. Contudo, claramente, a questão desses versículos não se relaciona com o método particular em que a revelação foi recebida. Pedro teve uma visão (Atos 10:9ss.); Paulo ouviu

---

[196] Hodge, *Systematic Theology*, I:182.
[197] Calvin, *Hebrews 1:1*; Inst.IV:viii:7; W. J. Chantry, *Signs of the Apostles*. Edinburgh: Banner of Truth Trust, 1973, p. 33-34.

uma voz do céu (At 9.4), e recebeu uma revelação em sonho (At 16.9); ainda havia profetas que individualmente recebiam e falavam a Palavra. O contraste nesses primeiros versículos de Hebreus é entre a revelação antecedente a Cristo, e a excelência, a plenitude, e a revelação em Cristo. Não significa que o que veio antes de Cristo não era verdade, ou não estava de modo algum relacionado. O contraste está no fato de que, em Cristo, o próprio Deus se manifestou, *nesses últimos dias* (Hb. 1.2). Nenhuma revelação mais completa poderia ser dada do que a manifestação do próprio Deus. Essa é a revelação final, a revelação para a qual toda a revelação anterior apontou.

O argumento de Hebreus é dirigido contra um retorno ao judaísmo dentro do cristianismo, como o próprio escritor enfatiza, apontando o judaísmo como o estado inferior, a condição incompleta. O contraste não é para ser tomado como o tempo de Cristo e seus apóstolos em oposição a todos os momentos antes e depois. O contraste é entre a era da realização inaugurada por Cristo e a era da promessa, antes da vinda de Cristo.

Isso não quer dizer que nenhuma conclusão possa ser tirada concernente à revelação hoje. No entanto, a conclusão de que na era de plenitude não haverá mais revelação após o final do período apostólico, deturpa a passagem do seu contexto, e estabelece um novo dispensacionalismo com uma dispensação apostólica e outra pós-apostólica no lugar do novo período da aliança. Uma revelação contínua não implica necessariamente uma progressão para além de Cristo, pelo menos não mais do que a revelação por meio dos apóstolos, dos profetas, dos que falam noutras línguas, e dos operadores de milagres da era apostólica depois da ascensão de Cristo foi uma progressão além dele. O falar de Deus por meio de seu Filho foi a inauguração, e não o fim dos últimos dias[198]. Dessa revelação plena se estabelecem os limites para qualquer revelação subsequente. Qualquer contínua revelação verdadeira será especificamente cristã, isto é, irá olhar para trás, para o advento de Cristo na carne. Outra consequência dessa passagem é que uma afirmação, como a de Marcião, de que se possui revelação superior àquela que veio em Cristo seria falsa. A finalidade da revelação em Cristo coloca outras restrições sobre qualquer revelação posterior, como se verá a seguir, mas isso não nega a possibilidade de uma contínua revelação.

Gálatas 1.8-9 (CFW 1:6)

Em Gálatas 1:6-9, Paulo lançou uma maldição sobre quem se atrevesse a anunciar qualquer coisa diferente daquilo que o apóstolo e seus companheiros proclamaram aos Gálatas. A referência sobre uma proclamação feita por um anjo do céu mostra claramente que essa passagem se aplica à possibilidade da revelação contínua. E que isso permite a possibilidade de repetições da revelação bíblica, obviamente. No respectivo contexto, a advertência foi dirigida contra aqueles que eram ortodoxos, exceto quando adicionavam a exigência de certas obras (particularmente a circuncisão e sua submissão implícita às leis cerimoniais judaicas), para o caminho da salvação[199].

Mas o aviso não pode ser limitado, simplesmente, àqueles que nos oferecem diferentes maneiras de salvação. Certamente, essa passagem rejeita o ensino de qualquer coisa contrária à

---

[198] Bruce, Hebrews 1:1, n.14.
[199] C. H. Pinnock, *Truth on Fire*. Grand Rapids: Baker, 1972, p.19.

mensagem pregada pelos apóstolos e registrado na Bíblia. J. B. Lightfoot insistiu que mais deveria ser dito. Referindo-se à preposição e ao pronome relativo *para* (παρζ, diversamente traduzido como "diferente"[200], "em desacordo com"[201], "ao contrário de"[202]) em Gálatas 1.8 e 9, ele escreveu:

> Sobre a interpretação dessas palavras, uma controvérsia na tradição tem sido feita para a articulação, escritores protestantes defendendo o sentido além de παρά, católicos romanos, o inverso. O contexto é o melhor guia para o significado da preposição. São Paulo está aqui afirmando a união, a integridade do seu evangelho. Ele não vai tolerar qualquer rival. Ele não permitirá qualquer mistura estranha. A ideia de contrariedade, portanto, é alheia ao suporte geral da passagem, embora independentemente do contexto da preposição se possa muito bem ter esse significado[203].

O comentário de Lightfoot é tanto certo, quanto apropriado. O evangelho não pode ser alterado, mesmo por pequenos acréscimos. No entanto, Gálatas 1.6-9 não implica que sejam proibidas outras revelações que se ajustam à revelação que os Gálatas haviam recebido de Paulo. Gálatas é, geralmente, considerado como um dos livros mais antigos do Novo Testamento. Paulo não estava afirmando uma suspensão da revelação divina, nem estava afirmando que não tinha mais nada a dizer aos Gálatas. Ele apenas rejeitou aquilo que era diferente, e que não se conformava.

---

[200] New King James Version, New International Version, King James Version.
[201] New English Bible.
[202] English Standard Version, New American Standard Version, Revised Standard Version.
[203] *Saint Paul's Epistle to the Galatians*, 10th ed.: London: Macmillan and Co., 1890, Gl. 1:8, 9.

Qualquer suposta revelação que não se conformasse à revelação canônica se apresentava como falsa, no entanto, a continuidade dos dons revelacionais não é rejeitada aqui.

Apocalipse 22.18-19 (BC. 3)

A terceira passagem a se considerar é Apocalipse 22.18-19. Com relação a questão da continuidade da revelação, o verso dezoito aplica: *"Porque eu testifico a todo aquele que ouvir as palavras da profecia deste livro que, se alguém lhes acrescentar alguma coisa, Deus fará vir sobre ele as pragas que estão escritas neste livro"*. Esse aviso, escrito ao final do último livro canônico a ser escrito, foi tomado como um aviso que abrange toda a Bíblia, que declara o cânon como fechado e que a revelação em Cristo através dos seus apóstolos é a revelação final a ser dada antes da segunda vinda[204].

Contudo, a referência foi aplicada especificamente ao livro de Apocalipse. Somente a profecia deste livro é que está protegida. Naquela ocasião, o Novo Testamento não estava em nenhum lugar, senão na mente de Deus, compilado num único livro. O aviso mostra que a possibilidade de adulteração ao texto estava em vista[205]. Ela proíbe o acréscimo de uma falsa revelação que supostamente tenha sido escrita por João. A verdadeira revelação não poderia ser acrescida, porque teria de se disfarçar como parte da revelação de João.

A advertência certamente poderia ser estendida para o restante da Bíblia, a princípio, porque ela se encaixa muito

---

[204] J. F. Walvoord. *The Holy Spirit*. Wheaton, Ill.: Van Kampen Press, 1954, p. 178-79.
[205] M. C. Tenney, *Interpreting Revelation*. Grand Rapids: Eerdmans, 1957, p. 100.

bem às advertências semelhantes de outros lugares (Gl 1.8-9; 2Ts 2.1-12). Todavia, dada a referência explícita às palavras particulares de Apocalipse, estaríamos indo além dos limites da Escritura para estabelecer uma base para se rejeitar toda revelação além daquele tempo. O ponto é o de guardar e preservar, não corrompendo a revelação que fora dada, em vez de prevenir contra novas revelações. A advertência se encaixa muito bem com o conceito do Tratado de Meredith Kline, um documento que não pode ser alterado uma vez que foi dado, embora novos documentos possam ser adicionados como uma renovação do tratado[206]. Uma vez que a revelação tenha sido dada, penalidades terríveis repousam sobre aquele que procura alterá-la. No entanto, isso não impede uma eventual comunicação direta entre Deus e seu povo. A finalidade da revelação em Cristo demanda um cânon fechado, que estabelece um padrão imutável para a fé e a prática humana, mas não se opõe contra uma revelação direta em situações particulares dentro dos termos da referida norma canônica.

O Caráter Especial da Revelação em Cristo e da Bíblia não Implica na Cessação

A Bíblia é suficiente para todas as necessidades espirituais do homem, mas isso não significa que os dons não tenham nenhum propósito permanente quando a Bíblia está completa.

---

[206] *The Structure of Biblical Authority*. Grand Rapids: Eerdmans, 1972, p. 97.

O argumento fracassou, não permitindo que Deus, graciosamente, dê ao homem mais do que é necessário. Além disso, o argumento depende da ambiguidade relacionada em uma confusão entre cânon como regra e cânon como lista. Neste sentido, tenta-se argumentar que a suficiência e a completude da Escritura implicam em plenitude da revelação especial. No entanto, nós servimos a um Deus que é misericordioso, que dá aos seus filhos mais do que é suficiente.

Mas será que a conexão entre os dons e os apóstolos implicou que quando os apóstolos morreram, esses dons desapareceram? Pode-se argumentar pela história que os dons miraculosos desapareceram após a geração apostólica, mas a história seria apenas um apoio para o ensino, não seu fundamento. Apenas por intermédio de uma promoção especulativa e indutiva poderia ser mantido que a partir da Escritura não poderia haver dons na ausência de apóstolos. Assim sendo, esse argumento também fracassa.

O ponto crucial nessa sequência repousa sobre a finalidade da revelação em Cristo, argumentando que nada poderia ser adicionado à revelação completa na encarnação. As passagens usadas para tal, claramente exigem uma revelação autoritativa fixa e fechada, mas não poderiam ser interpretadas como significando que Deus não poderia falar aos homens sem transgredir os limites de sua própria revelação canônica. Embora tenha havido uma perfeita revelação em Cristo, a Bíblia é sim um registro inerrante e suficiente, porém absolutamente parcial desta revelação. Cristo não está contido dentro das páginas da Escritura, embora o que seja necessário para o homem saber sobre ele esteja definido nela. Portanto, a finalidade da revelação em Cristo não implica na cessação dos dons revelacionais.

Isso deixa um último desenvolvimento do argumento a ser examinado — uma cena surpreendente para se observar neste argumento em desenvolvimento, em suma, a imagem arrebatadora do assentamento da fundação do reino de Cristo, levando à conclusão de que a revelação especial terminou quando essa fundação foi completada.

ARGUMENTO 5:
Dons de revelação são parte da iniciação do Reino de Cristo

Começando com o segundo argumento que foi considerado, uma progressão pode ser observada no desenvolvimento dos argumentos sucessivos. Assim, cada argumento que se sucede é mais complexo que seu precedente. Isto é mais facilmente observado quando os argumentos são listados em ordem oposta àquele que deve ser apresentado. O argumento final e mais básico envolve um exame da obra de Deus na história ao estabelecer o Reino de Cristo entre os homens, com a conclusão de que não há mais espaço para a continuação dos dons de revelação nesse plano.

A manifestação do Reino repousou sobre a vinda de Cristo, o Rei, e o quarto argumento olha para a finalidade da revelação em Cristo, para negar que a revelação continuaria por meio de dons de revelação permanentes. A revelação em Cristo foi apresentada aos homens por meio do testemunho dos apóstolos e isto forneceu a base para o terceiro argumento que ligava os dons aos apóstolos. O testemunho dos apóstolos culminou na escrita das Escrituras canônicas. É o argumento mais simples dos quatro que reivindicam serem as Escrituras uma revelação suficiente, porquanto assim a continuação dos dons de revelação não teria nenhum propósito. Como o argumento final é apresentado, deve-se lembrar que os três anteriores são absorvidos com parte subordinada.

O argumento mais forte para a cessação dos dons de revelação repousa sobre uma compreensão da revelação especial como sendo definida em um quadro histórico-redentivo particular. Os dons estão ligados à inauguração do Reino de Cristo na plenitude dos tempos. A reivindicação é que este quadro provê um propósito especial para a revelação até o estabelecimento dos fundamentos da Igreja Cristã pelos apóstolos, não havendo mais um propósito especial após esse período. Se tal quadro pode ter sua existência demonstrada, realmente o argumento para a cessação dos dons seria forte[207]. O argumento será desenvolvido pela descrição dos fatores envolvidos no trabalho de fundação para a manifestação do Reino de Cristo. O fato é que o Reino não será revelado em seu pleno poder e grande glória até a segunda vinda de Cristo, que será vista como um segundo elemento do argumento, ocasião em que finalmente a presença permanente da igreja, na presente era, como manifestação do Reino, será notada.

A fundação do Reino de Cristo marcada por dons miraculosos

Para que o Reino de Cristo fosse revelado, foi necessário que primeiro o próprio Rei aparecesse. Então o Filho de Deus assumiu a forma humana para receber suas honras reais no estábulo em Belém, na zombaria dos soldados romanos em seu julgamento e na inscrição afixada sobre sua cabeça na cruz.

---

[207] Shank, p. 22; veja também J. G. Machen *Christianity and Liberalism*. New York: MacMillan Co., 1923. p. 104-105.

No entanto o seu domínio foi revelado menos obviamente no trabalho que fez. Ele veio para dois principais propósitos: resgatar do cativeiro o povo eleito que aceita sua salvação e para vencer as forças do mal que se opõem aos seus preceitos. Até que o preço de sangue tivesse sido pago na cruz, o Reino poderia existir apenas na promessa. Quando o resgate foi pago, a porta pela qual os santos do passado haviam esperado, foi aberta para que o povo de Deus adentrasse no Reino que foi revelado nesta terra. Como o preço de Deus tinha que ser pago, então os inimigos deveriam ser derrotados (A manifestação da vitória de Cristo sobre Satanás e suas hostes em sinais e maravilhas culminando na ressurreição de nosso Senhor se apresentará como o lugar onde os dons do Espírito Santo são discutidos). Em todas as coisas, a igreja deverá olhar de volta para a obra de Cristo sem o qual não haveria Reino, nem igreja. É muito claro na Bíblia (1Co 3.11; Ef 2.20) que o próprio Jesus Cristo é o fundamento e a pedra angular que dá sentido a tudo que está envolvido na obra de seu Reino[208].

A aplicação da obra fundacional de Cristo ao homem é obra do Espírito Santo. Tanto a obra de Cristo quanto a obra do Espírito Santo não podem ser divididas. O Espírito é o Espírito de Cristo e seu trabalho também pode ser visto em dois aspectos. Em primeiro lugar, correspondendo à atividade redentora de Cristo por meio da obra interior do Espírito na regeneração. Por meio da regeneração, homens pecadores são trazidos à união com Cristo e iniciando sua cidadania no Reino[209].

---

[208] H. N. Ridderbos *The Coming of the Kingdom*. trans. H. de Jongste, ed. R. O. Zorn. Philadelphia: Presbyterian and Reformed Publishing Co., 1962. p. 464-466.
[209] H. N. Ridderbos *When the Time Had Fully Come Pathway Books.* Grand Rapids: Wm. B. Eerdmans Publishing Co., 1957. p. 51-52. N. B. Stonehouse. *Repentance, Baptism, and the Gift of the Holy Spirit.* The Westminster Theological Journal, XIII. Nov., 1950. 1-2.

Concernente à conquista de Cristo sobre seus inimigos, é obra do Espírito a aplicação do poder do Reino de Deus no mundo. O Espírito Santo foi o primeiro fruto desta nova era, o dom de Deus para seu povo, trazendo dons especiais de ministério em poder (Lc 11.13)[210]. Sua operação aplicando a obra de Cristo é vista particularmente na inauguração de seu reino no Dia de Pentecostes. Os homens não podiam entrar nesta nova era até que o Cristo exaltado derramasse seu Espírito sobre eles. Assim a expansão do evangelho é marcada no livro de Atos dos Apóstolos pelo registro de um crescente ciclo de recebimentos do Espírito Santo (At 2.1-4; 8.14-24; 9.10-19; 10.44-48; 19.1-7).

Enquanto os comentaristas diferem nos detalhes de como estes derramamentos se conectam, apoiadores desse argumento aceitam que, de alguma forma, todos eles estão ligados à extensão dos efeitos de Pentecostes. Há apenas um derramamento do Espírito Santo, que é dado em diversas ocasiões complementares[211]. Por fim, o Reino foi oficialmente inaugurado para todos os homens em Pentecostes. Neste sentido, o evento não é repetível, embora todos os homens devam receber o Espírito Santo para entrar no Reino. O Reino foi manifestado em poder, de uma vez por todas em Pentecostes.

O poder do reino então foi demonstrado publicamente diante dos homens nos extraordinários dons do Espírito Santo, e em primeiro e muito mais importante lugar, nos apóstolos. O apostolado, como um excelente dom do Espírito Santo (1Co 12.28) também teve um importante papel na igreja (Ef 2.20). Eles foram os mensageiros credenciados de Cristo, escolhidos

---

[210] Ridderbos, *Coming*, p. 258; *When the Time*, pp. 51-52.

[211] Downer, A. C. *The Mission and Ministration of the Holy Spirit*. Edinburgh: T. & T. Clark, 1909. p. xii. H. J. Stolee, *Speaking in Tongues*. Minneapolis: Augsburg Publishing House, 1963. p. 40.

para alcançar com o evangelho até os confins da terra. Eles vieram no poder de Cristo, sob a orientação do Espírito Santo, para falar as palavras de Jesus aos homens de todos os lugares e lançar as bases do Reino em todas as partes do mundo. Seu papel na preparação da Bíblia já foi descrito. Os apóstolos eram o alicerce estabelecido por Cristo sobre o qual ele prometeu construir a sua igreja (Mt 16.18). Mas o ofício apostólico estava vinculado ao Deus encarnado e não pôde mais continuar, a não ser que este continuasse a trabalhar na carne. Somente testemunhas oculares do ministério terreno de Cristo eram elegíveis ao cargo de apóstolo (At 1.21-22). A restrição do trabalho apostólico ao período fundacional é delineado pelo fato de que Paulo não viu a si mesmo como sendo sucedido por um novo apóstolo. Se alguém foi sucessor de Paulo, esse alguém foi Timóteo que em nenhum lugar da Bíblia é chamado de apóstolo[212]. Uma vez lançados os fundamentos, os apóstolos poderiam sair de cena.

Como os apóstolos, os dons de revelação tiveram claramente um papel fundamental no estabelecimento do Reino de Cristo. Efésios 2.20 declara que a igreja é fundada sobre os profetas e apóstolos[213]. Com efeito, línguas interpretadas são equivalentes à profecia (1Co 14.4-5) e assim também deve ser fundacional[214]. Por analogia, pode ser mantido que todos dons de revelação têm um lugar na matriz de fundação.

---

[212] Richard Gaffin, Jr. Entrevista pessoal em 1 de fevereiro de 1974. Seu argumento está agora impresso em *Perspectives on Pentecost: Studies in New Testament teaching on the gifts of the Holy Spirit*. Phillipsburg, N.J.: Presbyterian and Reformed, 1979. Não há substancial diferença entre sua expressão verbal antiga e o que está previsto no seu livro.

[213] Burdick, p. 37.

[214] Gerhard Vos. *The Teaching of Jesus Concerning the Kingdom of God* and the Church, p. 16-17. Entrevista de Gaffin. No começo de 1 Coríntios 14, há um sustentável contraste entre as línguas e profecias. A menos que línguas sejam interpretadas, elas são menos benéficas que as profecias. No entanto, se elas forem interpretadas, claramente isso implica que são equivalentes à profecia.

O lugar particular dos dons de revelação foi demonstrado na vitória sobre o mal, bem como no poder do Senhor, nosso Rei. Eles foram a recriação do mundo, uma restauração da ordem natural na qual tudo era bom (Gn 1.31)[215]. Neste sentido, as línguas de Pentecostes reverteram a ruptura de Babel, assim como curas destruíram os efeitos do pecado com a chegada da doença. A expulsão de demônios demonstrou enfaticamente a vitória sobre Satanás. Estes dons mostraram em parte a destruição final do mal e o Senhorio de Cristo sobre toda a criação[216]. Isto foi também prenunciado em menor grau no Antigo Testamento, mas com a vinda de Cristo "...tais forças completamente novas e tais bençãos incomparáveis, que todas as formas relativas e provisórias assumidas, pareceram, por comparação, indignas de nome"[217]. Berkouwer usou este entendimento para um ataque agudo sobre a possibilidade de milagres hoje, apontando que os dons de revelação do Novo Testamento foram direcionados ao Reino. Se eles continuassem hoje, precisariam ter o mesmo propósito[218]. Os milagres registrados na Bíblia tendem a se agrupar em torno da crise da história sagrada. Assim foi inteiramente natural que a vinda de Cristo e o estabelecimento de seu Reino estivesse associado com a grande demonstração do poder de Deus em sinais e maravilhas[219]. Neste caso, os dons de revelação foram parte do trabalho salvífico de Deus. Um dom revelatório que não esteja conectado com a renovação da criação em Cristo não serviria para glorificar a Deus porque isso seria então um simples truque mágico

---

[215] Gerhard Vos. *The Teaching of Jesus Concerning the Kingdom of God and the Church*. p. 16-17.
[216] Ridderbos, *Coming*, p. 65
[217] Vos, p. 16-17.
[218] Berkouwer, *Providence* p. 221, 227-28.
[219] Cressey, p. 830.

sem qualquer propósito[220]. Os dons de revelação não foram sem propósito, mas dados para preencher as necessidades particulares da fundação do Reino de Cristo.

De acordo com os apoiadores deste argumento, o propósito dos dons de revelação desapareceu com a conclusão do cânon do Novo Testamento[221]. Os dons foram parte da fundação do Reino de Cristo e a conclusão das Escrituras foi o último elemento colocado nessa fundação. Foi necessário que o pacto entre o Rei e seu povo tomasse uma forma permanente. Até que isso fosse realizado, não havia necessidade de uma revelação do Rei e de sua vontade por meio de mensageiros autorizados e dons de revelação. Uma vez que o pacto completo foi estabelecido de modo escrito, os outros meios de revelação já não foram mais necessários.

A Bíblia, como revelação escrita, fielmente documentada (em seu verdadeiro contorno e escopo, embora não em sua atual extensão, por exemplo, Jo 21.25; 1Co 5.9), é um organismo histórico completo, um processo redentivo-revelatório finalizado. É o registro da história que atingiu sua consumação na ascensão de Cristo e o envio do Espírito, a história que desde então está em espera "entre as eras", até que ele retorne. Para ser claro, ao longo da história, Deus se revela a indivíduos em uma variedade de formas, altamente íntimas e pessoais. Mas essas revelações não introduziram ou forneceram o precedente para uma segunda faixa de revelação privada destinada a suplementar a revelação

---
[220] Kuyper. *Principles of Sacred Theology*, trans. J. H. de Vries. Grand Rapids: 1968. p. 414-415.
[221] Kuyper, *The Work of the Holy Spirit*, trans. H. de Vries. Grand Rapids: Eerdmans, 1911. p. 182.

"institucional" que é focada no movimento da história redentiva rumo a sua consumação em Cristo. Tal revelação para indivíduos é, por si mesma, parte integrante da definitiva revelação centrada em Cristo[222].

Até agora se tem argumentado que devido ao papel fundacional dos dons de revelação no Reino de Cristo, eles devem ter cessado quando foram completamente lançados os fundamentos. Outro aspecto desse raciocínio é fundado na manifestação do Reino que repousa no fato de que a plenitude dele não aparecerá até a segunda vinda e todos sabemos que a plenitude do Reino de Cristo ainda não chegou.

Com a conclusão do Novo Testamento, a fundação do Reino de Cristo foi totalmente lançada, mas o Reino, propriamente dito, não se manifestou ainda em todo poder e glória. Até o retorno do Senhor, ainda que derrotado, Satanás remanesce como um poder nos assuntos deste mundo. Nosso Senhor mesmo limitou sua renovação do mundo às áreas de avanço do Reino. Assim, onde não houve fé, não houve milagres, como em Nazaré (Mc 6.5). Esta não foi uma inabilidade física da parte de Cristo para operar milagres, mas sim que, no contexto de incredulidade, seria sem sentido. Quando o poder é dado aos seguidores de Jesus, não é o poder para trazer o reino agora. Eles não podem pôr um fim na presença de Satanás no mundo antes do tempo da volta de Cristo[223]. Assim há razão para pensar que não haverá generalizada e contínua doação dos dons de revelação.

---

[222] Richard B. Gaffin, Jr. *A cessationist view, Are miraculous gifts for today*, p. 53.
[223] Ridderbos, *Coming*, p. 118-120.

Cristo ainda não retornou e isso exige limitações sobre a propagação e o exercício dos poderes do Reino. Hoje nós estamos entre a revelação inaugural do Reino no período apostólico e a total revelação quando Cristo vier. O terceiro aspecto do desenvolvimento do argumento destaca consequentemente a distinção que existe entre o período de cumprimento fundamental e o tempo presente.

Na inauguração de uma nova era em Pentecostes, Deus manifestou sua glória com sinais e maravilhas especiais, em particular com o dom de línguas. Mas por qual razão é esperado que os sinais inaugurais se repetirão e continuarão durante a história da era? Stolee coloca essa expectativa como no mesmo nível de uma loucura que seria manifestada se os israelitas esperassem ver uma montanha fumegando ou desejassem ouvir uma trombeta de Deus repetidamente como se fosse uma experiência normal do povo de Deus após o Sinai[224]. Sinais extraordinários são sinais para propósitos extraordinários. Assim, os dons de revelação do período bíblico tinham a ver com os grandes eventos da inauguração do Reino de Deus. Foram prenúncio da época que ainda está por vir quando finalmente todo o mal será posto de lado e todo joelho se dobrará e louvará o Senhor para sempre. Um elemento deste cumprimento final foi necessário na inauguração do Reino na entronização do Cristo Rei, tendo em vista que a profecia do Antigo Testamento tratou da vinda do Reino e da plena manifestação do seu Reino como um único evento. Na vinda de Cristo, foi revelado que esses dois aspectos da profecia do Antigo Testamento estiveram separados pela presente era e pelos últimos dias. Nessa visão "era

---

[224] Stolee, p. 31-32.

necessário que ocorresse antecipações de algumas mudanças escatológicas que deveriam ocorrer"[225]

Não há necessidade de dons de revelação na presente época

Na presente época, a igreja se destaca como a manifestação do Reino de Cristo entre sua encarnação e sua segunda vinda. Ela continua desfrutando dos benefícios da obra de Cristo aplicadas nela pelo Espírito Santo que a habita. A Bíblia é a permanente revelação de sua vontade para a igreja de Deus e homens com dons são conferidos à ela para estudar e interpretar as Escrituras. Os dons de revelação cessaram porque a igreja tem progredido a ponto de que já não são necessários. Isto é visto como um progresso para uma simples, segura e mais forte posição[226]. No entanto, se os dons de revelação atestam a verdade da Palavra de Deus, assim, qual seria sua função hoje? A existência deles como registrados nas Escrituras prevê essa necessidade. Além disso, o Evangelho deu frutos na melhoria das condições de vida humana. Isto também serve para preencher a lacuna. As dedicadas vidas de muitos indivíduos que se sacrificaram para espalhar e dar testemunho do Evangelho da verdade e seu poder, pois há resultados tangíveis do evangelho por meio da obra do Espírito na igreja, tais como sua propagação em hospitais e o cuidado dos enfermos, a abolição da escravatura, a emancipação da mulher, proteção e educação

---

[225] Vos, p. 56; veja Ridderbos, *Coming*, p. 417.
[226] Stolee, p. 103.

de crianças, cuidado com os pobres, reforma das instituições penais e muitas outras coisas[227]. Os dons de revelação tiveram seu lugar na fundação do Reino como manifestação do domínio de Cristo, mas desde que o fundamento foi lançado, não se fazem mais necessários na edificação ou na superestrutura no tempo de espera da vinda do Senhor.

A conclusão tirada de cada um dos cinco argumentos é a mesma: pelo fato de o cânon estar fechado, os dons de revelação do Espírito cessaram. O argumento mais forte é que no propósito de Deus manifestar o Reino de Cristo, os dons tinham lugar apenas no período inicial ou fundacional. Três outros argumentos foram vistos, cada um sendo uma parte menor desse argumento maior e mais forte. Cristo foi visto como militando contra qualquer outra revelação a ser dada que continuaria na igreja por intermédio dos dons de revelação. O lugar dos apóstolos como agentes autorizados de Cristo para trazer sua mensagem ao homem foi visto como sendo um ofício temporário e a ligação dos dons de revelação aos apóstolos foi deduzida para apoiar o argumento de que eles cessaram com os apóstolos. Ademais, a suficiência da Bíblia foi apresentada na reivindicação de que a continuação dos dons de revelação após a conclusão do cânon seria inútil. Um outro argumento foi levantado de que toda revelação especial é canônica. Se isso é verdade, automaticamente implica que a cessação do cânon significa a cessação dos dons, portanto não faz sentido tentar refutar os outros argumentos para a cessação dos dons de revelação até que demonstremos a existência da categoria de revelação especial não canônica.

---

[227] Downer, p. 219.

Refutação
Dons de revelação vinculados ao Reino, não apenas à sua fundação

O argumento final contrário à continuação dos dons revelacionais focaliza o lugar destes na inauguração do domínio visível de Cristo. A alegação é que os dons foram direcionados para a fundação do reino de Cristo, e que uma vez sendo completada esta fundação com a conclusão das Escrituras, esse efeito já não deve existir.

Assim qualquer exercício dos dons seria desnecessário, e estaria, segundo muitos acreditam, no nível de um truque de ilusionismo mágico. Este argumento será combatido sem negarmos evidentemente o propósito fundacional dos dons, mas negando enfaticamente que a finalidade deles estava limitada à obra fundacional de estabelecimento do Reino. Em primeiro lugar, iremos ver que eles não eram simplesmente manifestações da chegada do reino de Cristo, porque eles estiveram ou estarão em evidência em outras épocas.

Em segundo lugar, iremos observar que a descrição do Novo Testamento dos dons e do seu lugar, mostra que enquanto eles eram fundacionais, não eram apenas isso. E, finalmente, veremos que há uma contínua permanência e propósito para os dons como marcas edificadoras do presente domínio de Cristo.

A fundação do Reino definida

Antes de prosseguir com o argumento, será útil delinear sistematicamente o significado da fundação do Reino de Cristo e sua obra fundacional. Os termos são utilizados frequentemente como sinônimos para o período do Novo Testamento, mas ficou evidente no Capítulo 3 que, neste argumento a fundação referia ao fundamento, ou melhor, à base permanente do reino (bem como da igreja como a manifestação visível do reino).

Dizer que os dons cessaram quando a fundação terminou — ainda que a fundação signifique nada além que o período de tempo até à finalização da Escritura—, apenas afirma que os dons cessaram num determinado momento em particular. Logo, nenhum novo fundamento é estabelecido para a alegação de que eles cessaram. A conclusão de que eles tenham cessado deve ser assumida ou repousar sobre um dos argumentos que já foram refutados neste livro. Assim, é importante ver que o período fundacional, conforme utilizado neste argumento, refere-se a eventos particulares no estabelecimento do reino, ao invés de apenas a um determinado período de tempo.

Biblicamente, em sentido primário a fundação se refere a Cristo (Pv 10.25; Is 28.16; 1Co 3.10-15). Em segundo lugar refere-se à palavra dele ou ao testemunho apostólico (Mt 16.18; Lc 6.46-49; Rm 15.20; Ef 2.20) e, por fim, aos próprios apóstolos (Ap 21.14).

Há também referências à fundação individual dentro do reino em termos de eleição (2Tm 2.19) arrependimento e fé (Hb 6.1). Tanto a eleição, quanto o arrependimento e a fé são partes contínuas da vida da Igreja em vez de aspectos representativos dos fundamentos do reino. Três aspectos desta fundação podem ser vistos correspondendo ao trabalho de Cristo como Profeta, Sacerdote e Rei (consulte Lc 42-45). Para maior clareza, a área profética, que é da maior importância para o argumento em questão, será deixada por último.

Antes que o Reino de Cristo pudesse ser manifestado, era necessário que as pessoas que estavam em vias de se tornar cidadãs dele fossem resgatadas da escravidão do pecado no reino de Satanás. Esta obra de redenção foi efetuada por Cristo em seu ofício de Sumo Sacerdote quando ele ofereceu-se a si mesmo na cruz. Os benefícios de seu sacrifício são aplicados pelo Espírito Santo como parte da obra em curso do reino. Na área da obra sacerdotal de Cristo, a fundação foi concluída na cruz.

A segunda etapa foi a derrota dos inimigos de Cristo e a justa convocação do núcleo original do povo resgatado do cativeiro. A vitória decisiva de Cristo como Rei manifestou-se inconfundivelmente na ressurreição. A morte, o último inimigo a ser vencido (1Co 15.26) foi visivelmente derrotada. No entanto, o pleno efeito desta vitória não será estabelecido até a ressurreição. O Espírito aplica a obra de Cristo como Rei através da regeneração, santificação e glorificação, bem como através do empoderamento dos crentes com dons espirituais que mostram a renovação da criação com a consequente reversão dos efeitos da queda. Assim, a convocação de todos os eleitos no reino não pode ser considerada fundacional porque este é um trabalho com aspecto contínuo até o último dia. No entanto, tendo em conta o fato que os apóstolos foram declarados serem eles próprios a fundação do reino, parece que o estabelecimento de um núcleo bem específico do reino era parte do trabalho de fundação.

O Pentecostes, incluindo talvez a extensão deste aos samaritanos (At 8) e gentios (At 10), parece ser o único ponto em que há garantia bíblica para desenhar a linha entre a fundação e a superestrutura na área associada à obra de Cristo como Rei. A vitória de Cristo havia sido manifestada na sua ressurreição, em seu ofício real demonstrado na sua exaltação e ascensão. Os dons do Espírito foram dados aos homens na efusão do Espírito e os primeiros cidadãos foram estabelecidos no reino. Após o Pentecostes, não há nenhum ponto claro em que se possa fazer uma divisão entre a doação fundacional dos dons, e a ininterrupta concessão de dons que pertencem à superestrutura, a menos que seja exibido pela primeira vez que os dons de revelação cessaram. Em qualquer caso, depois de Pentecostes não há nenhum ponto claro de divisão entre esse chamado de pessoas para o reino que era fundacional e o que era parte da vida em curso do reino que se seguiu. A fundação no espaço majestoso foi completada no Pentecostes.

A terceira área na qual era necessária uma fundação ser definida para o reino era o estabelecimento de regras pelas quais ele seria governado. Em seu ofício profético, Cristo revelou a vontade de Deus para a nossa salvação, edificação e santificação. O Espírito então deu continuidade à obra por meio da concessão de dons espirituais, pelos quais a vontade de Deus foi entregue aos homens e, sobretudo, através da inspiração dos escritores do Novo Testamento. Na concessão de dons espirituais existe uma sobreposição entre a extensão da obra de Cristo como profeta, e a extensão do seu trabalho como rei. Na extensão de sua obra profética, pode ser difícil distinguir entre aquilo que é fundacional e o que não é. No entanto, pelo menos o testemunho apostólico era fundacional, como será visto mais adiante, e a escrita do Novo Testamento também o era. A conclusão do Novo Testamento oferece a marca para a conclusão da fundação nesta área.

Em resumo, a fundação do reino pode ser vista em termos de três aspectos da obra de Cristo. Como sacerdote, Cristo lançou os fundamentos na Cruz ao morrer para redimir seu povo a fim de que este pudesse entrar no reino. Como rei, Cristo conquistou a vitória decisiva sobre Satanás e suas hostes. Este aspecto se manifestou na ressurreição e sua ascensão, aplicada pelo Espírito na concessão de dons espirituais, na vocação e regeneração do povo de Cristo. Os aspectos fundacionais desta obra foram concluídos no Pentecostes.

Como profeta, Cristo revelou as bases pelas quais Deus quis governar o reino. O Espírito deu continuidade a esta obra em particular na inspiração dos escritores da Bíblia. O testemunho apostólico culminou nas Sagradas Escrituras, a qual concluiu este aspecto final da inauguração do fundamento do reino de Cristo. Embora alguns dos detalhes possam ser contestados, uma estrutura fundacional basicamente similar a esta é necessária ao argumento da cessação dos dons revelacionais na área de que o seu objetivo era exclusivamente a fundação.

Dons de revelação como não limitados ao tempo dos apóstolos

A abordagem mais simples para mostrar que os dons do Espírito não são exclusivamente fundacionais é mostrar que eles aparecem além do período fundacional ou neotestamentário.

Obviamente, os dons de revelação e outros dons do Espírito estavam presentes em todo o período do Antigo Testamento. Este fato deve levantar de imediato uma questão sobre a validade da alegação de que os dons foram exclusivamente fundacionais. Mas é igualmente verdade que a extensão da manifestação de tais dons no Antigo Testamento era incomparavelmente menor que no ambiente neotestamentário. Pode-se alegar que os poderes conferidos no AT foram simplesmente sinais que precediam o governo de Cristo.

Também tem sido sugerido que eles estavam conectados com a entrega da revelação do Antigo Testamento que fazia parte da fundação do reino. A este respeito é interessante observar que um dos grandes períodos de milagres comumente apontado no Antigo Testamento foi o tempo de Elias e Eliseu. Este também foi um período em que havia poucos registros em termos de conteúdo de revelação canônica, além do limitado registro histórico. Por outro lado, é importante ressaltar que durante os tempos dos grandes profetas escritores, milagres foram muito menos frequentes e evidentes. Os diversos dons de revelação não foram tão estritamente ligados ao dom de revelação canônica como muitas vezes tem sido sustentado. No entanto, pode-se ainda acreditar que os dons encontrados no Antigo Testamento faziam parte da obra de fundação do reino de Cristo, embora isto envolva uma significativa extensão do período fundacional para além dos limites normalmente considerados.

No entanto, os dons de revelação não têm apenas se manifestado desde o início, mas alguns alegariam que estes serão manifestados até ao fim. Admitindo que o registro histórico parece estabelecer um longo período no qual os dons não se manifestaram após a morte dos apóstolos, alegam que a Bíblia requer ainda que os dons de revelação sejam manifestados no momento da segunda vinda. Neste sentido, J. O. Buswell afirmava comumente que Deus teria deixado de operar através de milagres visíveis depois que o Novo Testamento foi concluído:

> É um erro dizer que Deus não pode ou não irá demonstrar sinais e milagres em nossos dias. Na realidade é a opinião do escritor que haverá uma outra época de milagres na abertura das fases do complexo escatológico, apenas anterior à última trombeta da segunda vinda de Cristo ...[228]

Ocorre que o tempo da segunda vinda não é parte do período fundacional, mas ainda assim muitos argumentam que a única revelação que será dada no momento da vinda de Cristo será o próprio Cristo e não através de dons revelacionais.[229] Seria muito além do propósito deste livro prosseguir em responder essa pergunta. No entanto, para tantos quantos aceitam a interpretação de que os dons revelacionais serão exercidos no momento da segunda vinda, a doutrina que os dons são puramente fundacionais é certamente contestada.

Esta discussão não é suficiente para refutar o ensinamento de que a revelação dos dons está limitada a um determinado período no reino de Cristo, e tem servido a um objetivo introdutório a fim de mostrar que o alastramento da utilização dos dons de acordo com o registro bíblico, suscita diversas dificuldades de interpretação contra os defensores desta proposta.

---

[228] *A Systematic Theology of the Christian Religion*, I. Grand Rapids: Zondervan, 1962, p. 180-181; Veja também H. W. Frost, *Miraculous Healing*. London: Evangelical Press, 1972, p. 94; Kline, p. 169, nota 5; Walvoord, p. 53.

[229] *e.g.* Hendriksen, W. *More than Conquerors*. Grand Rapids: Baker, 1971, p. 155-158, interpretando Apocalipse 11.3-6.

Dons revelacionais não são unicamente fundacionais

O problema em vincular os dons revelacionais a um papel fundacional do domínio de Cristo é que isso aponta apenas para uma verdade parcial. Há pelo menos quatro fatores demonstrando de forma negativa que estes dons, como um conjunto, não podem ser limitados a um período de fundação. Em primeiro lugar a sua universalidade na Igreja não se encaixa com uma função puramente fundacional. Em seguida, as limitações impostas sobre seu exercício são incompatíveis com o ponto de vista deles como fundacionais. Em terceiro lugar, mesmo os trechos bíblicos usados para mostrar a natureza fundacional dos dons não fazem qualquer alegação de que esta é a sua única função. Por último, não há evidências convincentes de que estes dons simplesmente serviram como um substituto necessário para o Novo Testamento até este ser concluído. Uma vez que estas considerações negativas têm sido desenvolvidas, será possível prosseguir a uma declaração positiva do lugar que os dons realmente ocupam em relação ao reino de nosso Senhor.

Os dons são universais na igreja

O primeiro comentário negativo sobre a teoria de que os dons foram puramente fundacionais ergue-se fora da universalidade da distribuição destes dons na igreja do Novo Testamento. Na exegese das passagens de Atos que descrevem as várias recepções do Espírito, um dos pontos observados foi o de que em cada incidente toda a comunidade recebeu o Espírito Santo e seus dons.[230] É evidente a partir de Atos 2.38 que Pedro antecipou que aqueles convertidos em Pentecostes também receberiam o Espírito. As perguntas de Paulo para os discípulos de Éfeso sugerem que ele pensava ser absolutamente normal que crentes deveriam receber o Espírito com o acompanhamento de dons. Foram feitas várias referências em outras passagens consideradas, demonstrando ter ele confiadamente presumido que os leitores das cartas apostólicas estariam familiarizados com as manifestações de poder do Espírito na manifestação daqueles dons. Em 1Coríntios 12-14, é muito claro que a maioria, senão todos os membros da Igreja de Corinto, recebeu dons espirituais, e muitos deles possuíam os chamados dons de revelação. Neste sentido, será que estamos tentando abranger toda a geração apostólica da igreja na obra de fundação do reino de Cristo? Eu penso ser difícil incluir toda a primeira geração da igreja na obra de fundação.

O uso dos dons não pode ser considerado como fundacional no sentido de ser parte da vitória de Cristo sobre Satanás, por que aquela vitória é ganha e o exercício dos dons pode ser apenas parte da aplicação do triunfo de Cristo. Nem pode toda a geração apostólica ser parte direta do testemunho do Senhor. Se assim fosse, referências que declaram que a igreja foi construída sobre o fundamento de um grupo restrito e limitado, como os apóstolos e profetas em Efésios 2.20, seriam absolutamente inúteis. Mas vamos chamar o limitado grupo que a Bíblia descreve como grupo fundacional, de círculo

---

[230] Brunner, p. 159.

apostólico. Então, se os dons de revelação, em geral, eram apenas fundacionais, o seu papel só poderia ter sido para autenticar o testemunho do círculo apostólico. Mas que relação observável estava lá entre este grupo limitado e o amplo exercício dos dons? É passada a credibilidade de que os Apóstolos estavam envolvidos na transmissão de dons espirituais para praticamente todo cristão na geração apostólica. Seria possível que os dons fossem todos conferidos por intermédio dos apóstolos e de um círculo restrito de homens associados com eles?

O problema é que enquanto vários grupos (profetas Ef 2.20; e anciãos At 15.2) foram associados com os apóstolos em diferentes capacidades, não há indicação bíblica de um grupo em particular que tenha sido utilizado por Deus na concessão de dons espirituais. Com efeito, a evidência bíblica não mostra nenhum padrão particular, muito embora seja verdade que em diversas ocasiões os apóstolos funcionaram como agentes de Deus com este propósito. Por outro lado, também é verdade que em diferentes pontos no Antigo Testamento os dons foram recebidos por meio do ministério de um profeta (Dt 34.9, 1Rs 19.16). Às vezes outros homens foram agentes na concessão do Espírito mediante a imposição das mãos, como ilustrado em Atos 9.17-18. Ainda em outras oportunidades, não havia nenhum agente humano envolvido (Êx 3.1-4; Is 6.17; At 2.1-4; 10.44), portanto, o único padrão claro é que Deus concedeu seus dons para aqueles a quem escolheu, alguns deles espalhados no Antigo Testamento, bem como por toda a Igreja no Novo Testamento. Em sua sabedoria, o Senhor usou agentes quando se agradou em fazê-lo, mas não em todos os momentos. Pode ser alegado que no Novo Testamento o padrão exigido era a imposição das mãos, com o Pentecostes e os eventos na casa de Cornélio marcando as instâncias iniciais excepcionais para judeus e gentios. No entanto, isso poderia ser aceitável não fosse a evidência do Antigo Testamento demonstrando que muito antes de Pentecostes os dons do Espírito foram conferidos com ou sem a imposição das mãos. Assim, não há nenhuma razão discernível para dizer que a nova aliança implicava uma mudança nesta prática.

Uma outra possível conexão do exercício dos dons de revelação com o círculo apostólico seria a limitação do exercício dos dons aos tempos e lugares onde o testemunho do círculo apostólico estava sendo exercido. No entanto, a universalidade do exercício dos dons (em toda a Igreja e, de acordo com o padrão descrito em 1Coríntios pelo menos, sempre que a igreja reunia para o culto) confronta firmemente essa possibilidade. Fica então uma pergunta: como é que a média da segunda geração de cristãos em Corinto no tempo de Paulo se diferenciaria do cristão de hoje na sua relação com o reino de Cristo? Se o seu trabalho foi fundamental, por que o trabalho dos cristãos de hoje não seria?

A universalidade dos dons estabelece então um dilema: ou os dons não são exclusivamente fundacionais, ou não há qualquer base para declarar que a obra da fundação foi concluída. Em qualquer dos casos, o argumento para a cessação dos dons perde força.

Limitações estritas são colocadas no uso de dons de revelação

O segundo fator que desafia a teoria de que os dons de revelação são puramente fundacionais é a limitação colocada sobre a sua utilização. Contudo, o fato de se definir uma limitação não mostra conclusivamente que os dons não podem ser restringidos à obra de fundação, porque é certamente possível que um aspecto da fundação pode limitar outro aspecto. É importante destacar essa questão, sobretudo pelo fato de que normalmente se pensa na fundação como a estrutura básica que coloca limitações sobre tudo o que se segue.

As restrições à utilização de alguns dos dons (1Co 14.26ss.) levanta questões sobre a ideia de que estes dons foram sendo exercidos como parte da obra de fundação e edificação da igreja. A revelação fundacional deve estabelecer um adequado padrão litúrgico, mas Paulo teve de escrever aos crentes de Corinto visando corrigir padrões errados de culto que foram sendo estabelecidos através do uso de dons de revelação. Não mais do que dois ou três profetas estariam falando nas reuniões (1Co 14.29), bem como apenas dois ou três poderiam falar em línguas, mas somente com a operação de outro dom vinculado, o de interpretação de línguas. O fundamento que estava sendo posto antes de Paulo escrever aos coríntios deve ter sido insatisfatório. Isto é muito grave para toda a teoria em questão.

A questão não é simplesmente que pessoas dotadas com dons erraram. Isso por si só não levanta problemas. Mas se o seu erro está em sua obra fundacional passa a ser um problema gravíssimo. Pedro cometeu um erro em Antioquia (Gl 2.11ss.), mas isso não é um problema, porquanto aquela ação não fazia parte da fundação do Reino, embora tenha motivado uma santa reação de Paulo. No entanto, se Pedro tivesse cometido um erro na escrita de suas epístolas, certamente teria sido uma questão bastante séria.

Em Corinto, os cristãos estavam errando no exercício dos dons de revelação e ao corrigir-lhes Paulo não negou que os dons exercidos eram verdadeiramente espirituais. Portanto, se naquele contexto apostólico cada exercício dos dons de revelação era fundacional haveria conclusivamente uma falha na fundação em Corinto. Mas se a fundação foi inconsistente lá, talvez também tenha sido noutros locais. Uma vez se admitindo que a fundação pode ser imperfeita, é difícil evitar a conclusão dos teólogos liberais de que a Bíblia também seja.

Ao escrever para corrigir os coríntios, Paulo fez uma distinção muito clara entre a mensagem apostólica e as Escrituras por um lado, que foram inegavelmente fundacionais, e os dons revelacionais, de outro. Com efeito, em nenhum lugar Paulo ou qualquer outro apóstolo disse às pessoas para limitar a sua leitura das Escrituras. Na verdade os judeus de Beréia foram elogiados por provar pelas Escrituras tudo quanto o próprio Paulo disse (At 17.11). Os dons de revelação de Corinto têm um *status* secundário em comparação com a mensagem apostólica e a Bíblia. Portanto, o uso dos dons é regulado através do ensino apostólico e das Escrituras, enquanto o uso da Bíblia, por outro lado, não tem restrições. O testemunho apostólico e as Escrituras anteriores formam o padrão pelo qual a igreja foi construída. O testemunho dos apóstolos culminando na Bíblia é que é fundamental. Assim sendo, embora seja possível, é difícil equacionar os dons revelacionais como totalmente fundacionais.

A Escritura não limita a sua finalidade para a construção da fundação

Para chegar a conclusões sobre o caráter fundacional dos dons, será necessário examinar as passagens que têm sido tomadas para ensinar que eles são fundacionais, ou seja, Efésios 2.19-22 e Atos 1.6-8, 21-22. Vamos olhar também porções de 1Coríntios 14, que salientam a finalidade dos dons (edificação e culto) que podem ter valor fundacional mas também têm valor contínuo para além do período de fundação.

Efésios 2:20 fala dos gentios "...*edificados sobre o fundamento dos apóstolos e dos profetas, de que Jesus Cristo é a principal pedra da esquina*". Aqui há uma clara referência ao trabalho de ambos, apóstolos e profetas funcionando como elementos caracteristicamente fundacionais. Mas a fundação propriamente dita deve ser entendida como Cristo (1Co 3.11), a pedra angular. A fundação foi estabelecida sim pelos apóstolos e profetas, mas quando em seu ministério eles deram testemunho de Cristo e de sua obra salvífica. Ao afirmar que o fundamento é Cristo, toda a revelação de Cristo é certamente incluída, o que significa que a doutrina apostólica é parte dessa fundação.[231] O imediato significado dos "profetas" refere-se aos do Antigo Testamento, com Paulo vinculando os líderes religiosos e despenseiros da palavra de Deus da antiga e nova alianças, assim como foram comparados os períodos da antiga e da nova alianças, e a posição dos gentios em ambos. No entanto, a progressão de pensamento a partir de 2.20 nos traz para a mesma combinação de apóstolos e profetas em 3.5 e 4.11, em ambos os casos os profetas em questão são os da Igreja do Novo Testamento. Assim, o contexto implica que em 2.20 os profetas também incluem aqueles do Novo Testamento, embora não necessariamente para substituição dos profetas veterotestamentários.

---

[231] Paul Bayne. *An Exposition of Ephesians*. Sovereign Grace Publishers, 1959, 2:20; John Calvin. *The Epistles of Paul the Apostle to the Galatians, Ephesians, Philippians and Colossians*, eds. D. W. Torrance; T. F. Torrance, trans. T. H. L. Parker, Vol. IX, *Calvin's Commentaries*. Grand Rapids: Eerdmans, 1972, Eph. 2:20.

Isso leva à conclusão assegurada que o trabalho de pelo menos dois dos dons de revelação é fundacional. Mas já foi visto que Hebreus 2.1-4 fala de testemunhas oculares sendo confirmadas pela operação de milagres. Uma vez que os apóstolos são a principal parte do corpo de testemunhas oculares, isto conecta imediatamente os sinais, prodígios e milagres ao trabalho de fundação. Além disso, 1Coríntios 14.5 mostra que as línguas interpretadas são equivalentes a profecia. Neste sentido é sugerido que as línguas interpretadas também tiveram um papel fundacional. Na verdade é possível que todos os dons de revelação tenham tido um papel fundacional, embora seja certeza que apenas os apóstolos e profetas tinham este papel neste ponto. Os outros dons têm sido associados aos apóstolos e profetas, e não para o trabalho de fundação.

Se for demonstrado que todo o trabalho dos apóstolos e dos profetas consistia no estabelecimento de um fundamento, então todos os dons devem ter um papel fundacional. Se não puder ser demonstrado que toda a obra dos apóstolos e dos profetas foi fundacional, então não pode ser comprovado que os outros dons têm qualquer papel fundacional necessário. Mas será que Efésios 2.20 não mostra que toda a obra dos apóstolos e dos profetas foi fundacional? Não. O texto apenas declara que os apóstolos e profetas estabeleceram uma fundação sobre a qual os gentios foram construídos. Eles também podem ter feito muitas outras coisas no seu serviço de Cristo, sem a menor transgressão deste texto. Mas há algo que possa ser adicionado à fundação que está posta quando esse fundamento é Cristo?

O que de fato se deva adicionar a Cristo, a encarnação de toda a verdade? A Igreja é edificada sobre o fundamento dos apóstolos e dos profetas (Ef 2.20). Mas os carismáticos parecem acreditar que muita coisa não dita foi deixada pelos apóstolos. O fundamento da verdade deve ser ampliado se a Igreja florescer, dizem-nos.[232]

Chantry está correto quando insiste que a fundação do ensinamento apostólico foi firmada de uma vez por todas. Efésios 2.20 certamente implica nesta verdade. No entanto, o versículo vinte e um vai falar de um crescimento contínuo ao invés de uma estagnação definida em nível de fundação. Todo o edifício está crescendo em Cristo, e ele não é apenas a fundação, mas é também a pedra angular. Ele está envolvido em todo o edifício fortalecendo-o e sustentando-o. Esse prédio não cresce apenas através da adição dos remidos dia após dia e assim como doutrina é englobada na fundação, também é englobada no crescimento. Cada parte desse edifício, cada cristão propriamente dito, está crescendo dia a dia em Cristo e isso inclui o crescimento no entendimento, bem como o crescimento na santificação.[233] A fundação não pode ser expandida, mas a superestrutura deve crescer. E se tal crescimento é em Cristo como Paulo descreve, não é nenhuma desonra para Cristo sugerir um crescimento no conhecimento de Deus edificado sobre a fundação, mas não necessariamente dedutível a partir dele. O que isso significa na prática, hoje, é que esta passagem não proíbe (ou apoia) a continuação do exercício dos dons de revelação, desde que eles não sejam colocados como adições à fundação, ou seja, às Escrituras canônicas.

Outra passagem indicando que os dons de revelação têm um papel fundacional é Atos 1. Nos versículos de seis a oito, quando os apóstolos perguntaram sobre a vinda do reino, foram

---

[232] Chantry, p. 39.
[233] Bayne, Efésios 2.21.

orientados a aguardar a vinda do Espírito. Não lhes foi dada uma data para o restabelecimento do reino, mas foi-lhes dito que seriam testemunhas do poder do Espírito. É evidente que este testemunho em poder é seu papel no trabalho de fundação do reino. Em seguida, os dons que os apóstolos receberam no Pentecostes foram para sua obra de fundação. Eles eram as testemunhas oculares autorizadas, embaixadores oficiais do rei a fim de estabelecer os fundamentos de seu domínio. O papel deles era, no mínimo, primeiramente fundacional.

Por conseguinte, sabemos que Matias foi escolhido para substituir Judas com o propósito de preencher aquele rol de testemunhas oficiais (At 1.15ss). Por outro lado, Deus também separou Paulo especialmente para o ministério entre os gentios. Além de Matias e Paulo, nenhum outro foi escolhido, e a morte de João sinalizou o desaparecimento do apostolado deste mundo. No entanto isso não implica concluir necessariamente que os dons associados aos apóstolos cessaram. Tais dons também tiveram efeitos para além de sua utilização na obra de fundação dos apóstolos. Esta passagem, então define o ofício apostólico como conectado ao período de fundação do reino tão intimamente que a função terminou com o fim desse período. Entretanto, a mesma definição não pode ser aplicada aos outros dons de revelação, e assim não subsidia qualquer razão para concluir que tenham cessado.

1Coríntios 14 mostra positivamente que outros dons têm finalidades não necessariamente fundacionais. O primeiro versículo ajuda a apoiar a distinção que tem sido sugerida acima, ou seja, a diferenciação entre apostolado e os outros dons. É fato também que os coríntios foram orientados a buscar os dons espirituais, especialmente o dom de profecia. Na lista ordenada em 1Coríntios 12.28, a profecia foi o segundo dom. O fato de os coríntios estarem buscando especialmente por isto, em vez do apostolado, é indicativo do fato de que a função apostólica foi limitada de forma que a profética não foi. Isto não prova que os profetas continuaram para além da primeira geração, mas faz com que uma linha divisória muito tênue permita isso. Os apóstolos foram limitados a um seleto grupo que teve de desaparecer. Se todos os Coríntios poderiam ser encorajados a aspirar pelo dom da profecia, então não havia motivo inerente ao dom que exigiria seu desaparecimento.

Os primeiros vinte e seis versículos de 1Coríntios 14 enfatizam repetidamente que um dos propósitos dos dons é a edificação. Esta é a verdade indiscutível da profecia, como é explicitamente declarado nos versículos três, quatro e cinco, e implicitamente na discussão envolvendo grande parte do restante do capítulo. Mas houve controvérsia sobre se as línguas são sempre instrumentos de edificação. Por exemplo, G. Omerly argumentou que elas não são para oração a Deus e nem primariamente estabelecidas para uso privado e edificação particular[234]. As línguas ainda não interpretadas são explicitamente descritas como edificando apenas quem fala, em vez de a Igreja (1Co 14.4-5)[235], e são explicitamente ligadas à oração (1Co 14.14-17). Isto levanta um problema, no entanto, porque o versículo catorze torna claro que a pessoa com o dom de línguas, mas sem o dom de interpretação não entende o que diz.[236] Como então elas podem edificar? Isto não foi revelado

---

[234] Omerly, p. 70, 75.

[235] L. Morris *The First Epistle of Paul to the Corinthians*, The Tyndale New Testament Commentaries. Grand Rapids: Eerdmans, 1960, 14:4-5.

[236] A possibilidade de quem fala em línguas não entender o que ele diz é rejeitado por Charles Hodge, alegando que outras considerações exige que quem fala em línguas esteja falando outras línguas conhecidas para si próprio, em *An Exposition of the First Epistle to the Corinthians*. New York: Robert Carter & Brothers, 1857, 14:13-14. Ele interpreta o versículo 13 para dizer que quem fala (ora) em língua desconhecida ore com a intenção de que ele possa interpretar a oração. Esta interpretação do versículo não é aceitável no contexto, exigindo tensa interpretação dum certo número de versículos relacionados. O versículo 14 tem de ser interpretado como dizendo que as coisas que o falante compreende

a nós, mas aquele que fala em língua edifica-se a si mesmo (1Co 14.4).[237] Um exemplo na experiência moderna sugere uma maneira em que isso pode ocorrer. L. Christenson cita a experiência de uma mulher que estava ficando desanimada com a prática de falar em línguas:

> Esta língua estranha não estava contribuindo em nada para mim. Mas, aos poucos, tomei conhecimento de que os meus pensamentos mudaram quando deixei de pensar em mim mesma e nas minhas obrigações diárias, para pensar em Deus, sua grandeza e seu amor pelo ser humano. Minhas atividades cotidianas passaram a ser realmente realizadas para Seu serviço, e a presença de Cristo estava mais perto de mim a cada dia. Sempre tentei viver a minha vida como um serviço a Deus e estar perto de Cristo, mas isso exigia um esforço. Agora isto vem naturalmente, quase sem esforço. Agora parece que Deus está fazendo essas coisas para mim. Não posso levar qualquer que seja o crédito por esta mudança. Toda a glória deve ser para Deus.[238]

---

não são de benefício algum para ninguém. O versículo 15 deve ser interpretado de uma forma que perde completamente a força levemente disjuntiva da conjunção δέ. Além disso, um sentido expandido é colocado mediante "orarei com o espírito, mas também orarei com o entendimento", que tem de ser interpretado como, eu orarei de tal maneira que a minha mente também está dando frutos, fornecendo orações compreensíveis para aqueles que o rodeiam. Além disso, a inclusão de interpretação como um dom separado nas várias listas mencionadas no NT desafia este ponto de vista, porque quem fala em línguas sempre entendeu o que estava dizendo, então o falar em línguas e a interpretação de línguas seriam dons idênticos.

[237] Reformed Presbyterian Church, Evangelical Synod, *Minutes of the 149th General Synod* (May, 1971), p. 95.

[238] *Speaking in Tongues and Its Significance for the Church*. Minneapolis: Bethany Fellowship, 1968, p. 76.

Nós comumente pensamos sobre edificação em termos de aumento do conhecimento, mas é evidente a partir de 1Coríntios 14.4,13,14, que isso nem sempre é o caso. Há edificação que ocorre fora da compreensão que está além do uso da mente. Edificação significa crescimento na proximidade com Deus e em obediência a ele, bem como crescimento no conhecimento. Quer entendamos ou não, as línguas eram um dom de Deus, e ele declarou que pelo menos um dos propósitos desse dom sempre foi o de edificar. A interpretação da edificação pessoal adquirida a partir do falar em línguas, era para ser estendida à igreja. O versículo doze é suficiente e usual para justificar e estender o propósito de edificação para toda lista de dons espirituais. Aqueles que estão desejosos de dons espirituais busquem a edificação da igreja.

Então se os dons são para edificação, logo o propósito válido deles não se limitou ao período de fundação da igreja. Certamente a edificação é importante em que estabelece as bases da fundação, mas também certamente não se limita ao período fundacional. Nunca haverá um momento em que a edificação não seja importante para a vida individual do cristão ou para a igreja, até que todos os santos estejam de pé diante do trono de Deus. Na verdade a própria palavra "edificação" sugere o que é construído sobre a fundação, em vez de a própria fundação.[239] Isto é muito claro em 1Corintios 3.10ss., quando Paulo declara haver lançado fundamento (que é Jesus Cristo), em Corinto e outros edificaram sobre este fundamento. Para "construir sobre", (ποικοδομέω) em 3.10 é a mesma raiz da palavra usada no capítulo catorze (οκοδομέω) e traduzida como "edificar". Edificação é um propósito positivo dos dons espiri-

---

[239] J. H. Thayer *A Greek-English Lexicon of the New Testament*. Corrected ed.: New York: Harper & Brothers, 1889, p. 439-40.

tuais, que não precisamos assumir como tendo desaparecido uma vez concluído o cânon das Escrituras, encerrando, assim, o período fundacional.

Um segundo propósito para os dons de revelação que é estabelecido em 1Coríntios 14 é seu uso no culto. As línguas são para o uso na oração (14.14-15), e isso pode ser feito em público liderando o culto, além de ser um método para se render graças a Deus.[240] No entanto, tal oração deve ser interpretada de forma que o restante da congregação participe. Mais tarde Paulo fala da sua reunião para o culto (14.26ss.),[241] onde cada pessoa tem algo para contribuir para o desenvolvimento da adoração coletiva, quer se trate de um salmo, um ensinamento, uma revelação, uma língua ou uma interpretação. Eles são trazidos de tal forma que edificam o povo de Deus. Assim, todos os dons mencionados aqui têm um papel de adoração no culto e como o culto não cessou com a conclusão da fundação podemos certamente estabelecer que este propósito dos dons ainda deva ser exercido hoje.

Ao examinar estas passagens da Escritura notamos que os dons não foram negados, ao contrário, foi afirmado que os dons de revelação tinham um propósito fundacional, embora também tenhamos demonstrado que não há base para afirmar que esta era toda sua finalidade. A única exceção a isso seriam os apóstolos, que pelo fato de serem tão intimamente ligados com a fundação da igreja pela sua comissão, a função específica do dom do apostolado teve de desaparecer uma vez que a fundação foi implantada. No entanto, os outros dons, embora úteis na definição dessa fundação, não foram tão intimamente

---

[240] Morris, 1Coríntios 14.14-17.
[241] F. W. Grosheide, *Commentary on the First Epistle to the Corinthians*, Vol. VII of *The New International Commentary on the New Testament*. Grand Rapids: Eerdmans, 1968, 14:26 ss.; Morris, 1Co 14:26.

relacionados à ela. Tem sido demonstrado que eles tinham outros fins com valor permanente para o dia de hoje e mais além.

Dons de revelação não são apenas um substituto temporário para o cânon completo

Há uma última possibilidade que deve ser considerada antes de concluirmos com firmeza que o propósito fundacional não esgota a finalidade dos dons de revelação de que eles podem simplesmente ter sido um substituto temporário para as Escrituras canônicas até a conclusão do Novo Testamento. Isto significaria que os dons de revelação foram necessários até que a Bíblia fosse concluída, mas não tinham efeito posterior. Neste sentido, a conclusão lógica é que a Bíblia concluída era suficiente.

Mas este argumento que se apoia na premissa da suficiência da Escritura já foi refutado no início deste capítulo. Seus defensores concordariam que os dons de revelação tinham um propósito de edificação e de culto além dos propósitos fundacionais, mas apenas porque eram necessários para servir estas funções no lugar das partes incompletas do Novo Testamento. "... o principal propósito dos milagres era como sinais de autenticação que apontam para Deus, seus mensageiros ou porta-vozes, e sua mensagem, que foi a Palavra de Deus".[242] Embora reconheçamos que só a Bíblia é suficiente para as

---

[242] Robert L. Saucy "An open but cautious view", *Are miraculous gifts for today?* p. 106

nossas necessidades nestas áreas, como temos mostrado antes, as porções da Escritura em existência no tempo dos apóstolos já eram suficientes para tais necessidades também. O fato de que o propósito da Bíblia se sobrepõe aos efeitos dos dons de revelação não implica que eles eram simplesmente um substituto temporário na pendência da conclusão da suficiência da Bíblia. Se assim fosse, não teria havido nenhum propósito para os dons no período apostólico.

É também significativo que de outra maneira os dons podem ser vistos como uma revelação em paralelo com a Bíblia invés de substituí-la. Para todo o exercício do dom de línguas registrado em diversas passagens da Escritura não há nenhuma evidência de que qualquer uma das mensagens dadas através do dom de línguas tenha se tornado parte da Bíblia. Isto mostra que as línguas (e presumivelmente outros dons) tinham um papel em conjunto com a Bíblia, e não como um substituto para os livros até então não escritos no Novo Testamento. Se os dons teriam sido substitutos temporários para a Bíblia, seria de esperar que as revelações através dos dons se tornassem parte da Escritura. No Novo Testamento este foi um caso raro mesmo entre os profetas.

A alegação de que os dons eram simplesmente um substituto temporário para as partes que faltavam da Bíblia não pode ser adequadamente sustentada. Portanto, segue-se que o propósito fundamental não esgota os efeitos dos dons, e, consequentemente, não pode ser mantido com respaldo bíblico que, uma vez tendo sido colocada a fundação, os dons não teriam efeito. Este aspecto do argumento baseado no papel dos dons na inauguração do senhorio de Cristo também não consegue demonstrar, por consequência necessária, a cessação dos dons de revelação.

Existem problemas com quadros amplos e abrangentes, como este conceito da Bíblia como a inauguração histórica redentora do reino. Tais estruturas têm grande valor para juntamente puxar as coisas e orientar o seu pensamento, mas eles estão abertos a falhas lógicas que se perdem na complexidade do todo, assim como facilmente ignoram instâncias particulares que não se encaixam em sua visão geral.

Se você dirigir em todo o sul da Saskatchewan de Manitoba, na autoestrada 1, é fácil obter a visão geral de que as pradarias são planas, secas e relativamente desarborizadas. A estrada é reta e lisa; você pode ver quilômetros adiante em todas as direções. Mas, de repente, a cerca de 200 metros adiante, você percebe que a estrada fica fora do campo de visão. Ao se chegar a essa descida, a estrada desce repentinamente para o *Qu'Appelle River Valley [Vale do Rio Qu'appelle]*, um amplo vale repleto de árvores e lagos. Na pradaria plana você sequer o vê até que esteja em sua orla. Mas embora seja verdade que a pradaria é plana e árida, e em grande parte sem árvores, há lugares que são exceções a esta verdade geral. Por isso, aqueles que se concentram demasiadamente na verdade geral vão perder algo maravilhoso e belo.

Embora haja uma verdade clara na imagem que Richard Gaffin e outros fazem dos dons da Bíblia como sendo a história da redenção de que não devemos esperar seja repetida, isso não significa que não existem exuberantes vales verdejantes na vida cristã onde ou quando dons de revelação são exercidos. O que isto significa é que eles tinham um propósito especial, e foram excepcionalmente frequentes no momento da fundamental fundação apostólica. Contrariamente à sua conclusão, isso não implica que eles não têm valor edificante em curso para a igreja em manifestações posteriores que não fazem parte da fundação[243].

É demasiado simplista dizer que a Bíblia é a história da redenção, e não a sua aplicação. As cartas de Paulo e os dez mandamentos não foram apenas para determinado momento histórico em particular. Os leitores de Paulo estavam informados de que todas estas coisas aconteceram como exemplos e foram escritas para a nossa advertência, mediante os quais o fim dos séculos virá (1Co 10.11). Eles não foram apenas escritos para dizer o que Deus tinha feito, mas para ensinar o povo de Deus, pelo exemplo e pela palavra, a como viver para ele. Qualquer visão que se distancie disto é seriamente suspeita.

Dons de revelação: marcas da presença do reino

Os dons de revelação não foram apenas manifestações da inauguração do reino, mas do reino inaugurado. Havia duas facetas do Pentecostes, uma das quais era irrepetível, enquanto a outra foi necessariamente repetida. A única faceta tida como oficial de Pentecoste, quase se poderia dizer cerimonial, é a de início da Igreja como manifestação visível do governo de Cristo. Este foi um batismo corporativo que não pode ser repetido, assim como o reino não pode ser recomeçado, no entanto, outro sentido de Pentecoste deve ser repetido em cada pessoa que se torna um cristão, porque só através do recebimento do mesmo

---
[243] Richard Gaffin, Jr. "A cessationist response to Douglas A. Oss.", *Are miraculous gifts for today*, p. 285-290.

Espírito que desceu em Pentecostes é que uma pessoa pode entrar no reino de Cristo[244]. Como um sinal de ligação para a igreja de todos os tempos o Pentecostes é irrepetível. No entanto, como indivíduos ou grupos recebem o Espírito, o que toma lugar a princípio para toda a igreja no Pentecostes ocorre a nível local e efetivo. Embora tais eventos possam assemelhar-se em muitos aspectos ao derramamento inicial do Espírito, eles nunca podem ter o mesmo significado para a igreja como um todo. Esta posição elimina os principais problemas de interpretação das quatro efusões do Espírito Santo em Atos. O Pentecostes era de uma vez por todas, enquanto os três casos restantes foram significativos para a extensão do reino inaugurado pelo recebimento do Espírito Santo no Dia de Pentecostes a grupos particulares.

Assim, Atos 10 não descreve o Pentecoste dos gentios, mas a participação de gentios na realidade da experiência cristã do Espírito que foi derramado sobre a igreja no Pentecostes. Foi particularmente significativo porque ele mostrou aos primeiros cristãos judeus, que gentios, mesmo não sendo prosélitos do judaísmo, poderiam tornar-se cristãos. Tais recepções do Espírito Santo tanto trouxeram, quanto manifestaram regeneração, sem as quais o reino não poderia ter entrado. No entanto, em todos os casos registrados, eles também foram acompanhados pelos dons espirituais. Isto não significa que os dons eram necessários para entrar no reino de Cristo. Eram marcas demonstrativas que uma pessoa já fazia parte do reino de Cristo. Eles mostraram diante do poder da nova ordem mundial na qual o cristão entrou, inaugurada no Dia de Pentecostes. O reino ainda não é aqui na sua plenitude, mas *"os poderes do século futuro"* (Hb 6.5) já estão sendo experimentados.[245] Cada cristão entrou nesta nova era e

---
[244] Dunn, p. 53-54.
[245] Bruce, Hebreus 2.5.

recebeu o Espírito Santo. O batismo do Espírito Santo é uma das bençãos da nova era que é oferecido a todos os cidadãos no reino de Cristo.[246] É o dom que Deus concede voluntariamente a seus filhos (Lc 11.13), aquilo que vimos se referir à concessão dos dons através da habitação do Espírito.[247]

Estes dons, em especial os dons de revelação, não foram apenas sinais para autenticar a obra fundacional de Jesus e dos apóstolos. Eles foram "... sinais da chegada efetiva do reino, porque eles mostram que o poder real de Deus já está em movimento."[248] Este poder real não funcionou para anular a natureza, mas para vencer o pecado e suas consequências. Era mais importante o fato de Cristo ter acalmado a tempestade (Mt 8.23-27) do que de ter demonstrado seu poder sobre a natureza. Era a demonstração da suspensão das consequências do pecado. "Deus e a natureza não se chocam nos milagres, mas, o Reino de Deus e o reino das trevas é que se chocam."[249] Neste mundo sob a maldição de Deus vemos o erro triunfar reiteradas vezes. As forças da natureza têm sido distorcidas como consequência dos pecados dos homens. Os dons de revelação falam de uma renovação, a restauração "... da normalidade do mundo e da vida através do novo domínio de Deus, que está antiteticamente contra o reino deste mundo."[250] Deus está restaurando sua criação à pureza original e que tal restauração não envolve apenas o domínio espiritual, mas o físico também. Esta é a forma na qual os dons de revela-

---

[246] John Owen, *The Holy Spirit*, ed. George Burder. Grand Rapids: Kregel Publications, 1967, p. 86; J. R. W. Stott, *The Baptism and Fullness of the Holy Spirit*. Downers Grove: IVP, 1971, p. 28.

[247] Ridderbos, *Coming*, p. 258.

[248] G. Vos, *The Teaching of Jesus Concerning the Kingdom of God and the Church*. Nutley, N.J.: Presbyterian and Reformed. Publishing Co., 1972, p. 53-54.

[249] G. C. Berkouwer, *The Providence of God*, trans. L. B. Smedes, Studies in Dogmatics. Grand Rapids: Eerdmans, 1972, p. 211.

[250] Berkouwer. *Providence*, p. 211; veja também A. Kuyper, *Principles of Sacred Theology*, trans. J. H. de Fries. Grand Rapids: Eerdmans, 1968, p. 500-01.

ção devem ser entendidos, como renovação da criação de Deus, em combate com o mal, tanto física quanto espiritualmente.[251] Os dons representam o poder de Deus concedido ao homem e onde o Espírito de Deus está presente, há poder, o poder do seu reino (At 1.8; 1Ts 1.5).[252]

O entendimento de que os dons são as marcas do presente poder do reino de Deus acomoda todos os dados disponíveis na Bíblia. No Antigo Testamento não aparecem explosões de dons em períodos críticos no desenvolvimento de preparação para o Reino de Deus.[253] Os dons estavam também em evidência, embora menos abundantemente, por vezes entre as crises. Com a chegada do Rei em carne veio o maior período do exercício dos dons de revelação de toda a história. Não há razão para esperar que tal uso difundido deles continuará em todos os tempos, mas também não há qualquer razão para supor que eles vão parar.[254]

Resumo do argumento

Foi demonstrado negativamente em primeiro lugar, e em seguida de forma positiva, que não há base adequada para colocar os dons de revelação entre os elementos puramente fundacionais do reino de Cristo. A abordagem negativa envolvida notou a presença dos dons em tempos e lugares que não foram

---

[251] Kuyper, *Principles*, p. 414-15.
[252] Brunner, p. 34.
[253] M. H. Cressey, *Miracles, The New Bible Dictionary*, ed. J. D. Douglas (Grand Rapids: Eerdmans, 1970), p. 830.
[254] Klaus Runia *"The Gifts of the Spirit"*, Reformed Theological Review, XXIX. Setembro-dezembro, 1970, p. 93.

prontamente admitidos de terem importância fundacional. Em seguida, as passagens das Escrituras invocadas como evidência de que os dons eram fundacionais foram examinadas a fim de mostrar que a obra da fundação não esgota o propósito dos dons. Por outro lado, fins positivos como edificação e culto, que não precisam ser limitados ao período de fundação, foram sugeridos para os dons. Assim, demonstramos que a conclusão fundamentalmente delimitadora dos dons ao tempo dos apóstolos não é necessária. Por último, uma alternativa de interpretação foi sugerida para explicar a ligação dos dons com o reino de Deus, que eles foram marcas da presença do reino, em vez de sua fundação.

Isto conclusivamente estabelece nossa refutação em desfavor do argumento de que os dons de revelação do Espírito tenham cessado. Começamos mostrando que houve a revelação especial que não foi incluída nas Escrituras canônicas, a Bíblia. Em seguida, exploramos três vezes o argumento que aborda o caráter especial da revelação em Cristo e sua palavra escrita que pretende mostrar que o encerramento do cânon das Escrituras implica a cessação dos dons de revelação do Espírito Santo.

A primeira etapa deste argumento alega que a suficiência das Escrituras não deixou nenhum propósito para os dons de revelação. Em resposta a isso, demonstrei que enquanto a Bíblia é totalmente suficiente para todas as necessidades espirituais do homem, Deus graciosamente nos dá muito mais do que precisamos. Além disso, vimos que o argumento era defeituoso à medida que repousava sobre a ambiguidade da significação do cânon.

A segunda etapa deste argumento para a cessação dos dons alegou mostrar que havia uma ligação necessária entre os dons e os apóstolos, e assim, quando os apóstolos morressem, os dons desapareceriam. No entanto, apenas por um desenvolvimento especulativo e indutivo é que isso poderia ser mantido à partir da Escritura, ou seja, de que não poderia haver dons na ausência dos apóstolos. Neste sentido, mais uma vez o argumento falha.

A terceira etapa deste argumento alegou a finalidade da revelação em Cristo para sustentar que nada poderia ser adicionado à plena revelação na encarnação. No entanto, vimos claramente que enquanto houve uma perfeita revelação em Cristo, a Bíblia é um registro inerrante e suficiente, embora também seja um registro parcial dessa revelação. Cristo não está contido dentro das páginas da Escritura, embora o que é necessário para o homem saber sobre ele é definido nelas. Logo, a finalidade da revelação em Cristo não implica a cessação dos dons de revelação.

Por derradeiro, neste capítulo focamos no argumento de que no plano de Deus para estabelecer o domínio de Cristo sobre a terra, o propósito dos dons de revelação, estava no período fundacional. Em resposta, vimos que a presença dos dons desde os primeiros dias depois da criação até a morte dos apóstolos (e talvez mesmo no período da segunda vinda) torna difícil harmonizar o pensamento de que os dons funcionaram puramente como elementos fundamentais. Foi então alegado biblicamente que a universalidade dos dons no período do Novo Testamento, e as limitações colocadas sobre o uso dos dons desafiaram a alegação de que eles eram apenas fundacionais. As passagens que afirmavam que os dons foram fundacionais, receberam criterioso exame e concluímos que elas não negaram haver outros usos para os dons além do funcionamento como fundamento. Outras passagens mostraram que os dons eram utilizados para edificação e serviço, assim como nenhum destes papéis está limitado ao período fundacional. A refutação que esses efeitos só foram válidos apenas enquanto os dons serviram como um substituto temporário para a Bíblia até sua conclusão, falhou porque dependia do argumento da suficiência da Escritura, já antecedentemente refutado. Em conclusão, vimos que é melhor compreender os dons não como sinais da vinda do reino, mas como manifestações da presença do poder do reino. Como tal, não há razão bíblica para supor que a conclusão da Escritura implica consequente e incontestavelmente que os dons cessaram.

4 Uma Doutrina Bíblica dos Dons de Revelação

Consideramos o argumento de que a conclusão da Escritura do Novo Testamento implicaria na cessação dos dons de revelação do Espírito Santo. Nosso estudo foi baseado naquela doutrina do cânon da Escritura que fortalece consideravelmente o argumento de que o encerramento do cânon implica na cessação dos dons de revelação. No terceiro capítulo, as cinco formas básicas que este argumento para a cessação dos dons pode tomar foram desenvolvidas, e concluímos que os últimos quatro são interrelacionados. A primeira foi uma afirmação de que toda a revelação especial foi canônica, e outra parte foi dedicada a refutar isso. Foi demonstrado que nos tempos bíblicos houve revelação especial sem caráter canônico. Esta revelação veio por intermédio do exercício dos dons de revelação.

Por conseguinte, refutamos também a alegação baseada no texto de 1Coríntios 13.8 como uma afirmação direta de que estes dons cessaram uma vez que as Escrituras foram concluídas. Por último, no quinto capítulo os quatro argumentos restantes para a retirada dos dons de revelação foram examinados, e mostrou-se que não havia nenhuma necessidade para a conclusão que afirmaram. Uma vez que apenas o que "ou é expressamente declarado na Escritura ou por consequência boa e necessária pode ser deduzida a partir da Escritura..." (CFW I:6) podem ser aceitos como uma declaração doutrinária bíblica; não há boa base, por este argumento, para a alegação de que os dons cessaram.

Para aqueles que acreditam que nos voltamos para a Bíblia somente para pressupor o conhecimento de Deus, esta deveria ser uma refutação conclusiva do argumento para a cessação dos dons de revelação com base na conclusão das Escrituras, mas nem toda aplicabilidade das Escrituras foi considerada, e muitas passagens sequer foram mencionadas. No entanto, as mais significativas foram objeto de criteriosa investigação. Além disso, as mesmas considerações que se aplicam às passagens expostas se aplicam a outras passagens relacionadas. Uma vez que examinamos as passagens mais consistentes invocadas contra a continuação dos dons de revelação, não há nenhuma razão para acreditar que a consideração de outras passagens trará outra conclusão. É bem verdade que muito mais poderia ser dito sobre cada uma das passagens que foram examinadas. Não obstante, os elementos significativos foram considerados. Tal réplica é conclusiva, mas também envolve todas as facetas possíveis do argumento baseado na conclusão da Bíblia. Qualquer argumento que se assenta nesta base se encaixa em uma das cinco categorias que foram estabelecidas neste livro. Assim qualquer argumento cairá sob as considerações aqui desenvolvidas.

Isto não prova a continuidade dos dons de revelação. É possível, embora duvidoso, que alguns outros argumentos poderiam avançar a prova que eles tenham cessado. Embora tenhamos alegado que o ônus da prova recai sobre aqueles que se opõem à continuação dos dons para mostrar que eles cessaram, a refutação dos argumentos existentes para a sua cessação não mostra que não existe nenhum argumento sólido. A contraprova apenas mostra que os argumentos considerados não provam a conclusão de que os dons cessaram. Ele não mostra que é necessário rejeitar essa conclusão. Isto significa que enquanto alguém ainda possa acreditar que os dons cessaram, seria impróprio impor essa crença sobre os outros sem uma melhor evidência. A posição obtida pode ser resumida em uma breve citação:

> E não encontramos nada nas Escrituras para indicar uma linha que possamos delinear através de um período definido para marcar uma fronteira entre o tempo dos milagres e o tempo da ausência de milagres. É significativo que este problema não chega à Escritura. O significado desta para nós é que o caminho de Deus através do mundo, na construção e no encontro da Igreja, é e permanece inescrutável. [...] Não há um único ponto de referência no Novo Testamento, tornado certo que Deus, em um novo período de fortalecer e ampliar a Igreja no mundo pagão, não venha confirmar a Sua mensagem

com sinais, na santa resistência às influências demoníacas do reino das trevas.[255]

A conclusão é negativa e exige uma resposta à pergunta que indaga: "aonde vamos agora?" Há razões para crer que estes dons continuam? Se continuam, como lidamos com as alegações de nova revelação, sem comprometer a autoridade final das Escrituras canônicas? Precisamos responder a essas perguntas para resolver uma forte motivação raramente admitida para se negar a presente existência dos dons de revelação, em que se enfatiza a preocupação que os dons ensejam em terríveis abusos.

Razões para Crer na Continuidade dos Dons de Revelação

Reconhecemos desde o início que não há declaração explícita que tais dons continuam. Também não podemos esperar uma e alguém pedir tal afirmação é transferir ilegitimamente o ônus da prova. Ninguém nega que nos dias dos apóstolos esses dons foram amplamente dados. Sendo assim, a menos que uma clara negativa seja dada por Deus somos obrigados a presumir que continuam. Não é demais insistir que a Bíblia é a história da redenção, e então o que acontece na Bíblia não pode continuar a acontecer no curso da vida da Igreja. É necessário mostrar que os dons de revelação são distintos da Ceia

---

[255] G. C. Berkouwer *The Providence of God*. trans. L. B. Smedes, *Studies in Dogmatics*. Grand Rapids: Eerdmans, 1972, p. 224-225.

do Senhor e da moralidade bíblica, e que eles estão tão ligados à dádiva redentora que terminaram juntamente com ela. Os argumentos que consideramos aqui, conquanto tentem fazê-lo, falham. A tese mais consistente para a continuação destes dons é a falta de negativas que afirmem expressa e claramente que esses dons cessaram.

Além disso, não devemos esperar que esses dons sejam concedidos de maneira uniforme em todos os momentos, assim como é evidente que nenhum deles faz parte da dotação de cada cristão (1Co 12.29-30). Nos três séculos antes de Cristo, não houve profetas conhecidos, e também houve períodos na história bíblica em que um grande número de milagres foi visto, enquanto houve outros onde tais manifestações foram pouco conhecidas. Deus dá seus dons segundo ele vê a necessidade. Se alguns deles desaparecerem por um tempo, isso não implica que eles nunca serão concedidos novamente.

No entanto, há uma série de indicações positivas de que devemos esperar tais dons continuarem. A profecia de Joel, que foi cumprida em Pentecostes, é uma delas:

> E há de ser que, depois derramarei o meu Espírito sobre toda a carne, e vossos filhos e vossas filhas profetizarão, os vossos velhos terão sonhos, os vossos jovens terão visões. E também sobre os servos e sobre as servas naqueles dias derramarei o meu Espírito. E mostrarei prodígios no céu, e na terra, sangue e fogo, e colunas de fumaça. O sol se converterá em trevas, e a lua em sangue, antes que venha o grande e terrível dia do Senhor. E há de ser que todo aquele que invocar o nome do Senhor será salvo; porque no monte Sião e em Jerusalém haverá livramento, assim como disse

o Senhor, e entre os sobreviventes, aqueles que o Senhor chamar. (Jl 2.28-32)

Joel não prevê um último aumento repentino da profecia seguido de silêncio. Ele prediz um tempo em que Deus derramará o seu Espírito dando dons de profecia, um tempo de provação e problemas antes do grande e terrível dia do SENHOR, um tempo em que aqueles que invocarem o nome de Cristo serão salvos. Dado que parece explicitamente ligado ao retorno de Cristo, isto levaria a razões convincentes para limitar a um curto período de tempo após a sua primeira vinda.

Jesus afirma em João 14.12: *"Na verdade, na verdade vos digo que aquele que crê em mim também fará as obras que eu faço, e as fará maiores do que estas, porque eu vou para meu Pai."* Ele não diz, vocês apóstolos e alguns em sua geração irão fazer maravilhas, mas aqueles que creem nele. As implicações disso são vistas na pergunta de Paulo em Éfeso aos discípulos de João Batista: *"Recebestes vós o Espírito Santo quando crestes?"* (At 19.2). Evidentemente ele esperava ver alguma manifestação da presença do Espírito naqueles que seguiram a Cristo. Não lhe fora dada revelação alguma que eles eram incompletos, mas procedeu um inquérito afim de investigar o que estava errado. Quando Paulo descobriu que eles nada sabiam sobre o Espírito Santo, dirigiu-os a Cristo! O resultado foi que eles receberam Cristo, foram batizados em nome dele, falaram em línguas e profetizaram. Paulo esperava que todo cristão ou pelo menos todo grupo de cristãos evidenciasse alguma manifestação visível da presença do Espírito.

Além disso, como já vimos, a leitura natural de 1Coríntios 13.8-12 é que a profecia terminará quando Cristo voltar. Pode-se ler que isso vá terminar algum tempo antes de seu retorno, mas não há razão para supor isso. Admitindo-se que o texto tenha a finalidade de estabelecer que nosso presente conhecimento opaco será substituído[256] por uma clara visão de Deus, no final, e não para estabelecer um período de tempo que a profecia acabará. Contrariamente, uma simples leitura daquele texto implica que tais dons continuam até o fim, pelo menos em princípio.

Depois, há as duas testemunhas registradas em Apocalipse 11. Alguns acreditam que são líderes que aparecerão imediatamente antes da volta de Cristo. O ponto de vista preferido, também defendido pela maioria dos cessacionistas, é que são simbolismos da voz da Igreja na época atual do julgamento, da era de Pentecostes até a volta de Cristo[257]. Mas eles profetizam! Eles não são descritos como pregadores, mas como profetas. Novamente, por qualquer interpretação, a implicação simples é que a profecia continua até o tempo da volta de Cristo.

Ao considerar esta questão, temos de estar conscientes que as distinções feitas entre dons ordinários e extraordinários, ou dons que são de revelação e os que não são, não passam de elaborações artificiais. A Bíblia não faz tais distinções. Pelo contrário, ela coloca os doutores entre os profetas e os operadores de milagres e governos, entre curas e línguas (1Co 12.28). Todos concordam que dons como o ensino e a misericórdia continuam. Isso implica que todos os dons espirituais continuam, a menos que haja alguma base bíblica clara para que se negue, tal como a exigência em Atos 1 de que os apóstolos oficiais sejam testemunhas da ressurreição. Essa qualificação limita o ofício de apóstolo à geração que tinha visto Jesus na carne. De resto, o pressuposto é que os dons de profecia e cura

---

[256] Richard Gaffin Jr. *"A cessationist conclusion"*, *Are miraculous gifts for today?* Grand Rapids: Zondervan, 1996, p. 55.

[257] Assim, W. Hendriksen. *More than Conquerors*. Grand Rapids: Baker, 1971, p. 155-58

continuam enquanto os dons de ensino e a administração igualmente continuam.

Os dons do Espírito são associados biblicamente com o ofício de Cristo como rei. Em Efésios 4.8 lemos que Cristo *"subindo ao alto, levou cativo o cativeiro, e deu dons aos homens"*. Paulo nos disse explicitamente quais tipos de dons ele tinha em mente três versículos depois: dons para equipar as pessoas como apóstolos, profetas, evangelistas, pastores e mestres (Ef 4.11-12). Tal concessão de dons está explicitamente ligada ao seu assentar-se no trono nos céus. A mesma conexão foi feita quando ele enviou os doze e depois os setenta pelo mundo em suas primeiras viagens missionárias. Mateus 10.7-8 afirma: *"E indo, pregai, dizendo: É chegado o reino dos céus. Curai os enfermos, limpai os leprosos, ressuscitai os mortos, expulsai os demônios; de graça recebestes, de graça dai"*. Em Lucas 10.9 os setenta são semelhantemente ordenados a curar os doentes, *"E curai os enfermos que nela houver, e dizei-lhes: É chegado a vós o reino de Deus."* O reino de Deus está associado com curas e outros milagres. Eles são dons de Cristo como nosso rei e implica em sua continuação. Ele não deixou de ser rei, nem há qualquer sugestão na Bíblia que estes foram apenas dons para celebrar sua coroação tendo sido retirados em seguida. De fato, todos concordam que os dons continuam enquanto o nosso rei, reina. Ele pode fazer o que lhe apraz, mas seus súditos não devem presumir que ele cessou de conceder alguns dos seus dons sem que ele nos houvesse dito.

A ordem para *"buscar com zelo os dons espirituais..."* (1Co 14.1) carrega uma suposição de que eles continuam. Ele é ecoado em 1Coríntios 12.31, *"procurai com zelo os melhores dons"*, e em 1Coríntios 14.39, *"procurai, com zelo, profetizar"*. Um princípio fundamental de interpretação bíblica é a de que tudo foi escrito para nosso ensino (Rm 15.4; 1Co 10.11). Tais ordens não são apenas peças interessantes da história, mas obrigatórias para todo povo de Deus, a menos que haja uma razão clara para limitá-las. Os verbos estão todos no presente imperativo, o que implica que eles devem continuar a desejar estes dons espirituais. Essa tensa implicação do grego reforça a suposição de que estes dons continuam e devem ser desejados pelo povo de Deus.

Além do mais, somos ordenados a testar os espíritos, para ver se eles são de Deus. Mais adiante, vamos focar nos meios apropriados para fazer isso. Mas esse preceito em si sugere que haverá algumas manifestações que são de Deus, bem como algumas que não são.

Existem problemas quando tais dons são reconhecidos? Sim. Houve e haverá problemas. Mas Deus nos diz para testar os espíritos, e não proibi-los. 1Coríntios 14.39, *"não proibais falar línguas"*, em que o princípio normativo é explícito[258]. Quando alguém diz falar línguas ou profetizar, a resposta bíblica não é dizer, você não pode fazer isso. Muitos cessacionistas têm dito a mim: "Não vamos proibir as pessoas de falar em línguas; vamos proibi-las de falar línguas que não são bíblicas, porque as línguas cessaram". Tais declarações banalizam o ensino da Bíblia. A ordem para provar os espíritos implica no exercício contínuo de dons como a profecia. Cristo nos alerta sobre falsos profetas e falsos milagres que se possível enganariam até os escolhidos, reforçando o entendimento quanto à continuação da verdadeira profecia e de verdadeiros milagres. Estas questões não devem ser tomadas despreocupadamente.

---

[258] Igreja Presbiteriana Reformada, Sínodo Evangélico. Atas do 149º Sínodo Geral (em Maio de 1971), p. 96. "... Tomemos nota cuidadosamente de que Paulo nos diz para não proibir falar em línguas. Certamente isto significa pública ou particularmente. Não temos a autoridade espiritual (v. 36-40) de proibir línguas, mas apenas de limitá-la publicamente ao padrão que Paulo estabeleceu (v. 27-28)".

Outras questões

No entanto, Cessacionistas adicionam uma variedade de argumentos incidentais para apoiar determinada conclusão. Ao argumentar que os dons de revelação continuam, temos de considerar alguns destes.

Uma matéria vê a profecia em curso como ameaça para o ensino de Deus aos pastores. Assumindo esta premissa como verdadeira, Richard Gaffin escreveu:

> Em 1Coríntios 12.28 expressa a ordem: primeiro todos os apóstolos, segundo profetas, terceiro mestres. Há um consenso geral de que esta classificação tem a ver com valor ou utilidade. Se é assim, então essa visão nos deixa com a seguinte conclusão: A profecia na igreja está sempre sujeita a avaliação como falível, e portanto nunca obrigatória para ninguém, e é mais útil e edificante do que o ensino baseado na clara, autorizada e inerrante Palavra de Deus! A profecia tem precedência sobre tal ensina mento. Espero que esta seja uma conclusão indesejável. Mas como poderão evitá-la?[259]

Existem duas premissas falsas aqui. Em primeiro lugar, o ensino baseado na querida, autorizada e inerrante Palavra de Deus nem sempre é claro, e por vezes, até mesmo falso. A palavra de Deus é verdadeira, mas os mestres, mesmo com a melhor das intenções, cometem erros terríveis na interpretação.

---

[259] Richard B., Jr. *"A cessationist conclusion"*, Are miraculous gifts for today, p. 51.

Seu ensinamento também deve ser avaliado pela Escritura. Gaffin confunde o ensino com a palavra em que este se baseia. Então a profecia, uma vez testada para ter certeza de que é de Deus, tem autoridade divina. É obrigatória sobre aqueles a quem ela é dirigida. Está antes do ensino porque vem mais diretamente de Deus. A profecia está sujeita a avaliação pela Palavra de Deus, não ao ensino de seu povo. Gaffin claramente gera um falso conflito aqui.

Novamente, as divergências entre os que defendem a continuação dos dons de revelação são citadas para por em causa as suas crenças:

> Estas concessões (essa palavra não parece injusta) relativas às línguas, à palavra de sabedoria, e à palavra de conhecimento juntamente com o fato já observado; que continuístas não podem concordar entre si o que seja a profecia, façam esta pergunta: Se o Espírito de Deus, o Espírito da verdade e da ordem, está realmente restaurando esses dons proféticos para a igreja hoje de forma generalizada, haveria, como há de fato, essa ambiguidade generalizada e confusão, para não mencionar divisão, entre eles? O Espírito, que dá dons para unificar e edificar, trabalha desta forma ambivalente e incerta?[260]

Mas isso é ridículo. Em nosso mundo decaído enfrentamos oposição. Se tal doutrina é questionada, o mesmo será feito para com todas as demais. Será que todos os cessacionistas concordam quanto ao princípio do cânon? Todos sabemos

---

[260] Richard B., Gaffin Jr. *"A cessationist conclusion"*, Are miraculous gifts for today, p. 60

que estão muito longe disso, no entanto, as teorias deles não negam a autoridade da Bíblia. Concordam todos os cristãos quanto ao significado do batismo pelos mortos? Não tanto desacordo se faz duvidar da validade do batismo, embora discordemos quanto a quem deve ser batizado. Não tanta oposição se faz sobre se a definição de profecia denota uma convicção comum de que a profecia continua, seja errada. O uso de tais argumentos como Gaffin apresenta, sugere alguém que se agarra a qualquer coisa desesperadamente.

Então, a questão da equidade é levantada: Porém, é bíblico que alguém recebe dons para a edificação pessoal, ainda que estes os capacitem a servir mais efetivamente? Não são estes os meios da santificação, assim como na salvação, igualmente disponíveis a todos[261]? Mas, sim, é bíblico que alguns recebam dons, especificamente línguas (1Co 14.4,14,28), para edificação pessoal. E não, o significado da santificação e da salvação não está igualmente disponível para todos. Alguns não conseguem ler, e por isso, têm menos acesso a ambos. Esta acusação está claramente equivocada.

Os opositores apontam para os abusos na prática Pentecostal e Carismática como argumentos contra a continuação de línguas e profecias. Mas há abusos na administração da Ceia do Senhor, bem como a própria Escritura é constantemente abusada e distorcida para apoiar ideias perversas e prejudiciais. Portanto, abuso oriundo de pessoas pecaminosas não desacredita a Palavra de Deus, nem suas ordenanças ou seus dons.

Não há ensino explícito nas Escrituras que tais dons continuarão até o fim. Mas muitas declarações apontam nessa direção. Ainda à parte das ocorrências que neles temos visto, os argumentos para a cessação dos dons revelacionais são

---

[261] Robert L. Saucy *An open but cautious view, Are miraculous gifts for today*, p. 134.

complicados e obscuros. Eles caminham contra nossos padrões de interpretação, para nos chamar a usarmos o que está claro e simples a fim de interpretar o que está menos claro. Os argumentos que consideramos para a cessação dos dons revelacionais, não apenas falham, mas temos razões positivas suficientes para crer também que dons revelacionais, à exceção do dom de apóstolo, continuam a ser dados quando assim Deus o quer.

Uma base doutrinária que inclua a continuação dos dons

Tendo indicado que existe evidência positiva para a ocorrência de dons revelacionais, o próximo passo é esboçar uma teologia coesa e bíblica que admita sua presente existência. Nenhuma sistematização aceitável que inclua um lugar para dons revelacionais foi encontrada na preparação deste estudo. O mais próximo foi o de D. L. Gelpi, marcado principalmente por seus princípios sacramentais Católicos Romanos[262].

Para este esboço, iniciaremos aceitando das doutrinas cristãs básicas que se mantém na Confissão de Westminster e seus Catecismos. Isso deve ser necessário para corrigir a parte itálica da CFW I:1: "foi o Senhor servido, em diversos tempos e diferentes modos, revelar-se e declarar à sua Igreja aquela sua vontade; e depois, para melhor preservação e propagação da verdade [...], foi igualmente servido fazê-la escrever toda. Isto

---

[262] D. L. Gelpi *Pentecostalism*. New York: Paulist Press, 1971.

torna indispensável a Escritura Sagrada, tendo cessado aqueles antigos modos de revelar Deus a sua vontade ao seu povo".

Embora alguns argumentem que isto deveria ser aplicado apenas em tentativas de acrescentar ou mudar as Escrituras, parece claro que isso especifica a cessação da profecia[263]. No entanto, devemos notar que dois dos principais personagens na Assembleia de Westminter claramente criam na revelação contínua. George Gillespie escreveu:

> E agora, tendo ocasião, eu tenho que dizer isto, para a glória de Deus, houve na Igreja da Escócia, antes do tempo da nossa primeira Reforma e depois da Reforma, em ambas as ocasiões tais homens extraordinários, que foram mais que pastores e mestres comuns, sim, santos profetas recebendo revelações extraordinárias de Deus e predizendo diversas coisas incomuns e acontecimentos notáveis, as quais por conseguinte se cumpriram pontualmente, para grande admiração de todos que conheciam os detalhes delas. Tais foram Sr. Wishart o mártir, Sr. Knox o reformador, também Sr. John Welsh, Sr. John Davidson, Sr. Robert Bruce, Sr. Alexander Simpson, Sr. Ferguson, e outros. Tomaria muito tempo fazer aqui uma narrativa de todos os detalhes, e há tantos deles que são estupendos, que fornecer exemplos somente de alguns parece derrogar dos demais, mas se Deus me conceder oportunidade, considero que valerá a pena fazer uma coleção desses

---

[263] Veja o argumento em Richard Gaffin, *"A cessationist view"*, *Are miraculous gifts for today?* Grand Rapids: Zondervan, 1996, p. 338.

eventos; enquanto isso, embora tais profetas sejam extraordinários, e raramente suscitados na Igreja, ainda tais existiram, ouso dizer, não somente na era apostólica, mas entre os nossos primeiros reformadores e outros.[264]

Rutherford escreve de maneira similar. Segundo ele,

> Há uma terceira categoria de revelação de alguns homens em particular que predisseram coisas futuras até mesmo após a finalização do cânon da Palavra tais como John Hus, Wycliffe, Lutero, que predisseram coisas futuras, e elas certamente aconteceram. E em nossa nação da Escócia, o Sr. George Wishart predisse que o Cardeal Beaton não sairia vivo pelos portões do Castelo de St. Andrews, mas que lhe sobreviria uma morte vergonhosa; e ele, Beaton, foi suspenso em cima da janela por meio da qual olhou para fora, quando viu Wishart queimando. John Knox predisse o enforcamento do Lord de Grange; Sr. John Davidson proferiu profecias conhecidas a muitos do reino, e diversos pastores santos e modestos na Inglaterra fizeram coisas semelhantes[265].

Quando dois ilustres líderes da Assembleia de Westminster mantiveram a visão de que a revelação especial continua,

---

[264] George Gillespie. *A Treatise of Miscellany Questions*. Edinburgh: Robert Ogle, and Oliver & Boyd, 1844, Cap. V, Seção.VII, p. 30.

[265] Samuel Rutherford. *A Survey of Spiritual Antichrist*. Londres, 1648, p.42, conforme citada em Greg Prince; Greg Barrow; Lyndon Dohms. *A Reformation Discussion of Extraordinary Predictive Prophecy Subsequent to the Closing of the Canon of Scripture*. Edmonton, AB: Still Waters Revival Books, 1998, p. 12.

devemos ser bastante cautelosos sobre qualquer interpretação da Confissão que negue essa visão.

Além disso, como já vimos, tantos quantos mantém a crença de que a Confissão de Westminster "não abre espaço para qualquer tradição humana autoritativa ou nova revelação[266]", devem incluir premissas que não são baseadas nas Escrituras ou despreza alguns dos ensinamentos da Bíblia para apoiar sua visão. Isto significa que eles mesmos estão em conflito com o ensino da Confissão nas próprias palavras direcionadas a tantos quantos Gaffin se refere, fazendo a seguinte afirmação: "o completo conselho de Deus, concernente a todas as coisas necessárias para sua própria glória, salvação dos homens, fé e vida, é tanto expressamente registrada na Escritura, como pela boa e necessária consequência, deve ser deduzida a partir da Escritura" (CFW I:6). A posição deles faz da Confissão autocontraditória neste assunto. É melhor compreender que a Confissão não está rejeitando revelações e tradições, mas qualquer adição à Escritura pela revelação e tradição.

Para evitar problemas, devemos ser claros sobre o que pretendemos ao dizer que o cânon da Escritura está fechado. Revelação canônica é aquela destinada para formar e tornar-se Bíblia e consiste na lista de livros que possuem revelação para toda a igreja em todos os tempos. Esta é a autoridade comprovada do nosso entendimento de Deus e seus caminhos para nós, "tudo quanto o homem deve crer a respeito de Deus, e o que Deus exige do homem"[267]. É suficiente *"para que o homem de Deus seja perfeito, e perfeitamente instruído para toda a boa obra"* (2 Tm 3.17). Nada mais é necessário para qualquer pessoa servir a Deus perfeitamente. Além disso, a lista está ligada aos

---

[266] RichardGaffin. *"A cessationist conclusion"*, Are miraculous gifts for today, p. 339.

[267] *Breve Catecismo de Westminster*, 3.

apóstolos e à sua autoridade de tal maneira que, após a morte daqueles, nenhuma Escritura autorizada se fez necessária.

Talvez alguns objetem que toda revelação é canônica, porque o cânon significa autoridade. Por exemplo, Richard Gaffin escreveu, "o cânon, afinal, não é apenas uma designação literária ou termo de catalogação. Ele evoca conotações de autoridade. O cânon é todo e qualquer lugar em que eu encontre a inspirada Palavra de Deus para hoje. Se discursos inspirados continuam hoje, então, tal qual nosso cânon, a Escritura não está completa; não importa o quão elevado nós vemos de outra forma, a Bíblia é senão uma parte daquele cânon[268]. Mas com tal definição, o cânon deixa de ter qualquer ligação com a Escritura, a menos que primeiramente se prove que todas as revelações de Deus são encontradas nas Escrituras. Temos visto que não é esse o caso. Assim como a autoridade, o cânon deve reter o sentido da lista de livros que compõem a Bíblia. A confusão entre esses dois sentidos é uma das falhas marcantes dos argumentos de que dons revelacionais cessaram com a finalização das Escrituras.

Dada essa definição do cânon como sendo a lista fechada dos livros autoritativos que formam a Bíblia, a primeira questão a ser encarada é a relação entre os dons revelacionais contínuos e a Escritura. A relação não pode ser competitiva, mas de complementaridade. Em ambos os casos as revelações vêm da parte de um Deus verdadeiro, que não contradiz a si mesmo, e que estabeleceu seu pacto com o homem de forma fixa na Bíblia. Em vista da discussão do cânon da Escritura no Capítulo 2, fica claro que qualquer revelação recebida hoje não deve fazer parte da revelação canônica. Uma nova revelação

---

[268] RichardGaffin. *"A cessationist response to Douglas A. Oss."*, *Are miraculous gifts for today*, p. 293-294.

seria limitada à situação na qual esta foi dada. Isso não significa negar que esta seja autoritativa, de fato são igualmente autênticas com alguma outra revelação. No entanto, autoridade e canonicidade não são coisas idênticas. Nada deve ser adicionado à revelação normativa do pacto que forma as Escrituras canônicas; mas dentro dos limites estabelecidos por essa revelação, a Palavra de Deus para os homens deve ainda vir por meio de dons revelacionais. Se assim vem, deve ser obedecido.

Isso implica que a Bíblia deve ser a primeira e primária fonte de onde os cristãos devem buscar informação e direção. Esse é o padrão que governa o relacionamento do homem com Deus dentro da aliança divina, ou em oposição a ela. Ainda se os dons de profecia fossem inegavelmente exercidos na sua igreja hoje, o cristão não poderia contar com informações por meio deles, para guiá-lo em suas atividades ordinárias. Deus deve escolher dar tais governos por meio dos dons, mas a Bíblia é a fonte comum do cristão para informação sobre Deus e sua vontade. Os dons de Deus não foram designados para substituir Bíblia de Deus.

A Bíblia indica que o exercício de dons revelacionais está intimamente ligado com a obra do reino de Cristo e enquanto eles estavam frequentemente sendo usados para governar as escolhas humanas nas áreas indiferentes, ou seja, aquelas em que um homem deve ter diversas possibilidades as quais não envolvam transgressão da lei canônica, apenas raramente é que tais governos seriam aplicáveis às atividades cotidianas dos negócios e da vida social dos homens. No entanto, os dons eram sempre usados para apontar o pecado do homem em tais áreas. O uso mais comum dos dons de governo era para direcionar homens em atividades específicas que se referem diretamente ao avanço do reino. Por outro lado, mesmo nessas questões, parece-nos claro que a orientação reveladora especial não era mantida como ordinária, mas extraordinária. Os cristãos imaginam o direcionamento da Escritura e a inteligência a qual os deu, não para contar com intervenção especial. Paulo planejou ir para a Ásia, até o Espírito de Deus impedir de fazê-lo (At 16.6). Embora Deus possa graciosamente dar direcionamento através de dons revelacionais, seu Espírito usualmente nos direciona através das Escrituras.

Os dons revelacionais são comunicados aos homens pelo Espírito Santo, no entanto, na história bíblica ele também concedeu dons a alguns homens que, aparentemente não eram escolhidos, tais como Judas e Balaão. Porém, normalmente os dons seriam concedidos apenas aos regenerados. As Escrituras são muito claras em ensinar que todos os cristãos receberam o Espírito Santo[269].

Devemos dizer também que há apenas um único recebimento do Espírito Santo. 1Coríntios 12.13 afirma que todos os cristãos foram batizados no corpo de Cristo pelo Espírito Santo. O batismo "no" ou "com" o Espírito Santo é o começo da vida cristã. Não é algo que virá posteriormente a uma pessoa que já foi atraída para Cristo pelo Espírito Santo. Contrário às afirmações de alguns[270], a linguagem usada é importante porque ela põe nosso pensar na direção correta. Quando seguimos o padrão bíblico ao afirmarmos que todo cristão foi batizado no Espírito Santo no instante em que ele ou ela nasceram de novo, então entenderemos que todo cristão têm a

---

[269] É também aceito por pentecostais que defendem o batismo no Espírito Santo pelo menos logicamente como vindo após a conversão. Douglas Oss argumenta que a real questão não é a terminologia, mas a substância, "a doutrina Pentecostal de um revestimento com o Espírito e poder distinto da conversão". Alguém talvez pergunte, se essa é a questão, porque ele não irá abandonar a terminologia que muitos acham antibíblica, e na qual, para dizer no mínimo, é bem aberta a ideia de que há dois tipos de cristãos? Pelo menos compeliria as pessoas a lidarem com a substância ao invés de lidarem com o rótulo.

[270] Douglas A. Oss "A Pentecostal/Chrarismatic response to C. Samuel Storms", *Are miraculous gifts for today*, p. 240-41.

raiz dos dons espirituais, bem como da santificação. Assim, não há nenhuma tentação de superenfatizar o recebimento ou o desenvolvimento de algum dom espiritual. Isso é simplesmente parte do amadurecimento normal de um cristão, no qual alguns sobressaem numa coisa, enquanto outros, noutras, de acordo com que são alimentados e equipados por Deus. Assim como uma criança pode crescer moralmente ou em capacidade, embora idealmente deva crescer em ambos, assim, um pequenino cristão deve amadurecer em ambas, santificação e em capacidade para o ministério com poder, mas ele crescerá apenas ou principalmente, em apenas uma delas, para seu próprio prejuízo, bem como da igreja. No entanto, se a criança não nasceu, ele não cresceu em nenhum aspecto, quer falemos de nascimento natural ou espiritual.

Enquanto uma pessoa é batizada no Espírito Santo uma vez por todas, ele ou ela deve ser cheia com o Espírito (At 4.31). Uma tentativa de explicação para isso é que cristãos pecaminosos vivem num nível mais baixo do que o batismo deles no Espírito possibilita-lhes[271]. Às vezes o Espírito vem sobre o cristão dramaticamente em sua obra santificadora num novo enchimento. Às vezes, também, vem com novo poder para fazer sua obra. Tais enchimentos não são marcas de uma cristandade superior, nem sequer necessariamente de progresso individual. Eles nada dizem sobre maturidade cristã em relação a outros cristãos. Os coríntios abundaram em dons espirituais, mas abundou também a crítica de Deus concernente a imaturidade espiritual deles! Os dons conferidos pelo Espírito Santo são uma santa verdade para ser usada com vistas à própria edificação

---

[271] John Stott *The Baptism and Fullness of the Holy Spirit*. Downers Grove, Ill. Intervarsity Press, 1971, p. 34.

e à igreja. Entretanto, como já dito, os mesmos estão sujeitos a testes e controles através das Escrituras.

Os dons revelacionais, e de fato todos os dons do Espírito, são benção do reino de Jesus ao seu povo. Eles todos são manifestações de seu reino, evidência da presença deste, e essencialmente útil em sua edificação. Isso implica que eles existem apenas para a glória de Cristo. Tais homens, como Simão o mágico (At 8), cujo desejo por tais dons era para sua própria honra, devem ser corrigidos e se necessário, removidos da igreja. Se alguém não usa um dom para edificar o povo de Deus, deve ser censurado.

Devemos igualmente considerar o fato de que na história bíblica o mais proeminente exercício dos dons ora considerados ocorreu nos tempos de maior fraqueza da igreja. Havia abundância de revelação verbal e milagres nos tempos de Moisés, quando Israel teve de ser libertado da escravidão e parecia que a fé em Deus havia sido em grande parte perdida. Novamente nos tempos de Elias e Eliseu nós vemos muitos milagres proeminentes, quando o povo de Deus estava caindo em adoração a Baal. No cativeiro nós vemos Deus trabalhando proeminentemente com Daniel e seus amigos, assim como com Ester. Então, no tempo da formação da igreja neotestamentária, o tempo de Cristo e dos apóstolos, Deus operou muitos milagres para a edificação de seu povo. Alguns têm sugerido que os milagres ocorrem onde há grande fé, mas quando vindo da Bíblia, em vez disso, acontecem onde há grande necessidade de fé. Quando Cristo enviou os apóstolos para pregar (Lc 9) e mais tarde igualmente os setenta (Lc 10), recomendou-lhes não tomar consigo proteção ou suprimento algum, mas a depender de Deus para prover-lhes por meio do povo a quem eles ministrariam. Em Lucas 22.35-36, Jesus disse aos apóstolos que enquanto aprendiam acerca do poder de Deus que lhes provia apesar de qualquer coisa que fizessem, esse não seria o modo normal que ele os manteria. Depois disso, todos deveriam tomar seu dinheiro, suas roupas, sua comida e suas armas. O padrão normal é que eles trabalhem para sobreviver, não que eles dependem dos milagres para a sua provisão. Cristo não estava dizendo-lhes que jamais realizaria milagres para eles, mas que não deveriam depender de milagres, visto que milagres eram a exceção e não a regra da vida cristã. Não deveria nos surpreender o fato se há longos períodos com pequenas manifestações desses dons, nem vê-los aparecer no campo missionário ou nos tempos quando a igreja decaiu sobremaneira.

Há muitos dons listados em diferentes lugares no Antigo e Novo Testamentos. Não há razão para crer que as listas são exaustivas, e nem mesmo para crer que elas estão em operação a qualquer momento. Não há dom algum que o cristão deva imaginar possuir, nem que haja qualquer dom presumido como que a maioria dos cristãos possua. Os dons são dados por Deus por ministério do Espírito Santo segundo o seu propósito. Os cessacionistas erraram ao rejeitar os dons revelacionais em favor dos outros; os pentecostais erraram na direção oposta ao enfatizar milagres, profecias e línguas em detrimento do ensino, misericórdia, administração e tais dons. Enquanto cristãos são exortados a buscar os mais excelentes dons, não é garantido que eles receberão o dom especial de maior valor diante de seus olhos. O mais estimado dom para qualquer homem é o dom que Deus escolhe outorgar-lhe. Esses dons que parecem menos estimados são também necessários e é dada a devida honra da maneira como são adequadamente exercidos (1Co 12.22ss.). Apesar de Paulo estabelecer uma ordem de importância para determinados dons (1Co 12.28), é pecaminoso exaltar homens, ou os homens buscarem exaltação por causa de seus dons particulares. Na igreja de Cristo, aqueles que a si mesmo se humilha, esse será exaltado. Os dons não devem ser a base para dividir os irmãos em classes.

Nossa ênfase como cristãos não deve estar em nossos dons, mas em nosso crescimento e maturidade em Cristo. Até nosso choro é "Senhor, santifica-me; eu não me importo com o recebimento de poder; eu preciso tornar-me mais santo" portanto, enfatizar sobremodo os dons miraculosos é prejudicial para a vida cristã. Tão somente aumenta o orgulho, enquanto o amadurecimento é essencialmente uma questão de santificação. É possível termos dons miraculosos, mas ainda agir como uma criança gloriando-se nos dons, como a igreja dos coríntios.

5 Testando os espíritos

Uma área crucial a ser considerada na doutrina dos dons do Espírito é em relação a testar os espíritos. Essa questão engloba a área entre a revelação canônica e a não canônica, porque a Bíblia em si não está sujeita a provas. Essa é a base que Deus tem dado para regular a vida cristã. Já os dons revelacionais, estes sim, estão sujeitos à prova. Calvino diz que pode

> parecer estranho que os homens estão autorizados a fazer julgamentos relativos ao ensino de Deus, devendo ser estabelecido além de qualquer disputa. Minha resposta é que o ensino de Deus não está sujeito ao julgamento dos homens, mas a tarefa deles é simplesmente julgar, pelo Espírito de Deus, se é sua Palavra sendo declarada, ou se, usando tal pretexto, os homens estão erroneamente mostrando o que eles mesmos têm feito[272].

---
[272] Calvino, 1 Coríntios 14.29.

Na Marinha, para embarcar num navio é exigido que as pessoas apresentem sua identificação a fim de demonstrar que têm o direto de subir a bordo. Quando eu era um suboficial, o almirante que comandava a frota do Pacífico embarcou em um de nossos navios trajado como civil. Ele foi parado e solicitado apresentar sua identificação por um dos mais inferiores oficiais na Marinha Canadense. Será que isso foi uma afronta à honra do oficial sênior? Não. Houve algum embaraço pelo fato de o almirante ser capaz de aproximar-se do navio sem ser reconhecido, mas o oficial inferior que lhe deteve fez o seu trabalho da maneira como deveria fazê-lo. Quando o almirante foi identificado, foi recebido com a dignidade que lhe era devida, mas primeiro, o sentinela deveria estar certo sobre quem ele era. Isso é o que fazemos quando obedecemos aos mandamentos de Deus e provamos os espíritos. Nós os testamos, não para exercer julgamento sobre os atos de Deus, mas para distinguir entre as coisas que são de Deus das que não são.

Precisamos notar cuidadosamente que a ordem de Deus não é "provar alguns dos espíritos", mas "provar os espíritos". Cada pessoa que alega falar como voz de Deus deve ser avaliada. Isso abarca desde o seu vizinho dizendo a você algo que aprendeu, o pastor em sua igreja ensinando o sentido da Palavra de Deus, bem como toda e qualquer pessoa que alega ter uma palavra profética diretamente vinda do Senhor. As alegações de dons de cura e milagres estão da mesma maneira sujeitas à prova. Alguns têm argumentado que os apóstolos estavam isentos de tais testes, fazendo distinção entre a autoridade deles e a autoridade dos profetas do Novo Testamento[273]. Mas tal alegação não jaz nas Escrituras. Os judeus bereanos *"[...] foram mais nobres do que os que estavam em Tessalônica, porque de bom grado receberam a palavra, examinando cada dia nas Escrituras se estas coisas eram assim"* (At 17.11). Eles são elogiados por que provaram a palavra de um apóstolo, neste caso, Paulo, para ver se o que ele dizia era da parte de Deus. Tendo eles visto que isso se enquadrava com o ensino da Escritura, e aceitaram a voz de Deus. Esse é o princípio de fazer provas: *Isso é da parte de Deus?* Se sim, então é para ser crido e deve-se agir em conformidade com o mesmo, seja a voz de um apóstolo, ou a voz de um garotinho ao seu lado, dizendo-lhe que aprendeu algo novo na Escola Dominical.

Principais preocupações sobre avaliar os espíritos

Antes de atentar às provas específicas que Deus nos deu, nós devemos lidar com três preocupações. A primeira é o medo do abuso. Nós veremos que as provas dadas por Deus são suficientes para revelar rapidamente qualquer impiedade séria. Elas não irão necessariamente expor o engano ímpio, enquanto ele está tentando se infiltrar na igreja e construir uma reputação de santidade antes de expressar sua corrupção, mas irão expô-lo assim que a dita corrupção for promovida. Mas elas podem muito bem revelá-lo antes disso. Em alguns casos, as provas podem nos deixar em dúvida por um longo tempo. Talvez nessa vida você nunca tenha certeza sobre uma palavra "profética" oferecendo encorajamento geral para um pequeno grupo. Mas essa incerteza significará que se o dano está sendo feito por uma falsa profecia, é tão pequeno aos nossos olhos humanos que não podemos discerni-la. É o mesmo nível de problema quando enfrentamos e encaramos ao recebermos pessoas de bom caráter na igreja que professam a Cristo. Deus pode ver em seus corações que a profissão é falsa, mas temos de aceitá-los, porque não podemos vê-la. Se aplicarmos as provas que Deus dá com a disciplina adequada, não temos de temer que a igreja seja corrompida por uma falsa profecia mais do que pelo falso ensino.

A segunda preocupação é decorrente da primeira. Nós devemos entender que tudo quanto falha na circunstância de provar dos espíritos é claramente definido como ímpio. No entanto, palavras ou atos que não falham não são necessariamente da parte de Deus. Jesus fala do Diabo operando sinais e maravilhas, os quais enganariam até mesmo os escolhidos de Deus, se Deus não os houvesse guardado (Mc 13.22). Isso significa que, ainda quando há tal resultado positivo dramático, como uma cura ou uma predição que se torna real, não podemos pular para a conclusão de que a agência é de Deus. Em último sentido, toda boa dádiva vem do Pai, mas algumas vezes Deus usa o próprio Satanás para realizar sua vontade benfazeja, e algumas vezes o que aparenta ser bom pode provar ao final ser um mal terrível. Alguns têm começado a pregar o evangelho de maneira aparente e efetivamente distintas, mas no fim têm deixado seus seguidores desnorteados. Uma abordagem muito cautelosa é apropriada para avaliar supostos dons do Espírito.

A terceira preocupação é que reconheçamos ser extremamente sério entregar falsa profecia ou falsos milagres. É extremamente sério ainda ensinar falsas doutrinas. Tiago nos adverte a não assumirmos o disfarce do ensino distintamente, *"sabendo que receberemos mais duro juízo"* (Tg 3.1). Espera-se mais daqueles que são responsáveis por ensinar o povo de Deus. Quanto aos profetas, o juízo é ainda mais rigoroso. No Antigo Testamento a lei era explícita, visto que o profeta que falava falsamente no nome de Jeová deveria ser entregue para morrer (Dt 12.20). Ou seja, uma falsa profecia era suficiente para que a sentença de morte fosse invocada. A reivindicação de falar as palavras de Jeová é séria demais para ser tomada levianamente. Na igreja do Novo Testamento, a igreja é distinguida do Estado, e a autoridade de invocar a sentença de morte é atribuída a este. Nós não estamos lidando com uma igreja-nação, mas com uma igreja-confessante. Em nossa situação, o apropriado equivalente daquela sentença de morte, que jamais foi ab-rogada por Deus, é a excomunhão. Aqueles que reivindicam falar da parte de Deus, mas demonstrando não sê-lo de fato após ser provado, devem ser publicamente retirados da membresia da igreja até que se arrependam claramente.

A principal base para provar os espíritos é a palavra escrita, a revelação canônica. No entanto, a própria Bíblia realça certas áreas críticas às quais consideraremos separadamente. A primeira delas é de importância fundamental. Quem é reconhecido como a fonte de tais dons?

O primeiro teste: o verdadeiro Deus é proclamado?

Em Deuteronômio 13.1-5 está escrito: "*Quando profeta ou sonhador de sonhos se levantar no meio de ti, e te der um sinal ou prodígio, e suceder o tal sinal ou prodígio, de que te houver falado, dizendo: Vamos após outros deuses, que não conheceste, e sirvamo-los; não ouvirás as palavras daquele profeta ou sonhador de sonhos; porquanto o Senhor vosso Deus vos prova, para saber se amais o Senhor vosso Deus com todo o vosso coração, e com toda a vossa alma. Após o Senhor vosso Deus andareis, e a ele temereis, e os seus mandamentos guardareis, e a sua voz ouvireis, e a ele servireis, e a ele vos achegareis.*

E aquele profeta ou sonhador de sonhos morrerá, pois falou rebeldia contra o Senhor vosso Deus, que vos tirou da terra do Egito, e vos resgatou da casa da servidão, para te apartar do caminho que te ordenou o Senhor teu Deus, para andares nele: assim tirarás o mal do meio de ti.".

O texto prossegue dizendo que você não deve poupar nem mesmo seus familiares mais próximos, se eles profetizarem ou realizarem milagres em nome de qualquer outro além de Jeová.

Mas não é provável na igreja de hoje que os membros afirmarão falar da parte de qualquer um, senão do Deus bíblico. Alguns talvez, mas serão a exceção, e facilmente reconhecidos. As provas dadas a nós vão mais além que isso. Em Deuteronômio 13 refere-se ao *"SENHOR vosso Deus, que vos tirou da terra do Egito, e vos resgatou da casa da servidão"*. Talvez alguns usem o nome de Deus, mas neguem sua obra histórica com seu povo. Eles estão proclamando um falso deus tanto quanto feministas que falam em nome de Diana, Isis ou da grande Mãe.

Somos advertidos também com relação aos que tropeçam na doutrina da Trindade. *"Quem é o mentiroso, senão aquele que nega que Jesus é o Cristo? É o anticristo esse mesmo que nega o Pai e o Filho. Qualquer que nega o Filho, também não tem o Pai; mas aquele que confessa o Filho, tem também o Pai."* (1Jo 2.22,23). Profetas que negam Jesus como o Ungido Salvador da parte de Deus são falsos profetas. Deixando de lado o Filho, perderam também o Pai.

Qualquer ensino que não esteja no nome do Senhor dos exércitos, o Pai, o Filho e o Espírito Santo, deve ser rejeitado. Uma profecia ou um milagre em qualquer outro nome é motivo para excomunhão imediata.

O segundo teste: está de acordo com as Escrituras?

Tudo o que está em desacordo com a Bíblia não é dado pelo Espírito de Deus, e nenhuma autoridade deve ser atribuída. Por isso é possível dizer que uma revelação da parte de Deus não se tornaria parte das Escrituras canônicas. O que foi revelado na Bíblia nos permite concluir que o cânon está fechado. Portanto, qualquer revelação que vem buscando expandir o cânon não seria da parte de Deus. Alguns procuram orientação por presságios, tábuas de *Ouija*[274] ou outros meios ocultos. Deus, porém, diz: *"Quando, pois, vos disserem: Consultai os que têm espíritos familiares e os adivinhos, que chilreiam e murmuram: Porventura não consultará o povo a seu Deus? A favor dos vivos consultar-se-á aos mortos? À lei e ao testemunho! Se eles não falarem segundo esta palavra, é porque não há luz neles"* (Is 8.19,20).

Deus diz a seu povo como este deve servi-lo e nos proíbe de acrescentar ou diminuir algo (Dt 12.32). Mas em outras partes, ele vai mais longe: *"Agora, pois, ó Israel, ouve os estatutos e os juízos que eu vos ensino, para os cumprirdes; para que vivais, e entreis, e possuais a terra que o SENHOR Deus de vossos pais vos dá. Não acrescentareis à palavra que vos mando, nem diminuireis dela, para que guardeis os mandamentos do Senhor vosso Deus, que eu vos mando"* (Dt 4.1,2). Isso significa que não há nenhuma palavra vinculada à igreja de Deus, além da Bíblia. O que quer que não esteja de acordo com esta norma é falso e deve ser rejeitado. Qualquer coisa que vá além da Bíblia é suspeita.

---

[274] A Tábua Ouija é um tabuleiro simples feito de madeira com letras do alfabeto e as palavras "sim" e "não" marcadas nele. Em geral, o objeto é utilizado como um método de necromancia para se comunicar com os mortos ou com outros espíritos imundos.

Tudo isso redunda no fato de que nosso Deus não contradiz a si mesmo. Em Números 23.19, Deus repreendeu Balaão e Balaque quando tentaram fazê-lo mudar de ideia sobre amaldiçoar Israel. *"Deus não é homem, para que minta; nem filho do homem, para que se arrependa; porventura diria ele, e não o faria? Ou falaria, e não o confirmaria?"*. Deus é verdadeiro e fiel. Você pode depender dele, porque o que ele promete, vela por cumprir. Ele não retrai seus compromissos e ordens. Mesmo aonde ele afirmou se arrepender do que pretendia, a mudança vem porque a situação que pedia seu julgamento mudou através do arrependimento e da oração de seu povo. Ele é grande em verdade (Êx 34.6) e sua palavra é a verdade (Jo 17.17). Portanto qualquer coisa contrária à sua palavra é mentira. Devemos prestar especial atenção às coisas relacionadas ao evangelho. Na Galácia os judaizantes estavam ensinando a salvação por Jesus além de certas obras, obras bíblicas. Paulo declarou que aqueles que torceram o evangelho de alguma forma estavam sob maldição de Deus. *"Mas, ainda que nós mesmos ou um anjo do céu vos anuncie outro evangelho além do que já vos tenho anunciado, seja anátema"* [(Gl 1.8)].

Somos também alertados fortemente quanto ao ouvir profecias do retorno de Cristo. Sua vinda tomará todo mundo de surpresa, e quando ele voltar, todo olho verá (Mt 24.4-31). Conclui-se à partir desta passagem que todas as previsões do tempo de seu retorno são falsas profecias. A Bíblia é nossa regra de fé. Ela perseverará até o fim (Is 40.8), além de Jesus nos garantir que nem a menor parte falhará até que seja totalmente cumprida (Mt 5.18). Somos proibidos de adicionar ou subtrair qualquer palavra (Dt 12.32; Ap 22.18-19). *"Essa é a doutrina de Cristo. Todo aquele que prevarica, e não persevera na doutrina de Cristo, não tem a Deus. Quem persevera na doutrina de Cristo, esse tem tanto ao Pai como ao Filho. Se alguém vem ter convosco, e não traz esta doutrina, não o recebais em casa, nem tampouco o saudeis. Porque quem o saúda tem parte nas suas más obras".* Paulo define o padrão para nós: *"Se alguém cuida ser profeta, ou espiritual, reconheça que as coisas que vos escrevo são mandamentos do Senhor"* (1Co 14.37). Um verdadeiro profeta reconhecerá este princípio. Uma profecia ou operação que em qualquer aspecto não concorda com a Bíblia é falsa. Isso deve ser rejeitado juntamente com o profeta ou o operador de milagre.

Mas há ainda outras provas para extirpar manifestações espirituais que podem parecer estar em conformidade com os testes acima. A próxima repousa no fato de que Deus é a fonte de todo o bem e nada de mal vem dele.

O terceiro teste: os resultados são bons?

"Portanto, pelos seus frutos os conhecereis" (Mt 7.20). Ao dizer isso, Jesus estava advertindo especificamente contra falsos profetas. "Nós tivemos uma horta! Mas nunca comemos coisa alguma dela". "As plantas crescem vigorosamente, mas não tinha nenhuma fruta que pudéssemos comer. Este é um bom pomar?"

Assim também é na igreja. O vigor e a atividade não são o nosso teste. Um sorriso de três metros de largura no rosto das pessoas não é o nosso teste, pois o teste é a frutificação. O que se tem visto é fruto do Espírito Santo ou são maçãs podres?

Para aplicar esta prova precisamos deixar claro o que é o fruto do Espírito Santo. Muitos pensam em termos de almas ganhas para Cristo. A pessoa que vê muitas profissões de fé está dando muito fruto. Mas lembre-se de que as Testemunhas de Jeová e os Mórmons podem multiplicar-se; os muçulmanos podem se multiplicar. Já outros falam de poder, de grandes obras, de dons, de milagres. A Bíblia fala sobre a moralidade pessoal. O batismo no Espírito Santo produz um novo caráter. Outros espíritos dão características que refletem suas naturezas ímpias. *"Porque noutro tempo éreis trevas, mas agora sois luz no Senhor; andai como filhos da luz (Porque o fruto do Espírito está em toda a bondade, e justiça e verdade)"* (Ef 5.8,9). *"Nisto é glorificado meu Pai, que deis muito fruto; e assim sereis meus discípulos. [...] Se guardardes os meus mandamentos, permanecereis no meu amor"* (Jo 15.8,10a). *"Porque as obras da carne são manifestas, as quais são: adultério, fornicação, impureza, lascívia, idolatria, feitiçaria, inimizades, porfias, emulações, iras, pelejas, dissensões, heresias, invejas, homicídios, bebedices, glutonarias, e coisas semelhantes a estas, acerca das quais vos declaro, como já antes vos disse, que os que cometem tais coisas não herdarão o reino de Deus. Mas o fruto do Espírito é: amor, gozo, paz, longanimidade, benignidade, bondade, fé, mansidão, temperança."* (Gl 5.19-22).

Ao provar um ensinador, profeta, ou um operador de milagre, olhe atentamente para seu caráter. Se ele é arrogante, egocêntrico, ganancioso, cruel, impaciente, violento, sexualmente licencioso, você pode rebaixar a pretensão dele de servir a Deus. Seu caráter mostra que não é movido pelo Espírito Santo. A prova não é a perfeição sem pecado pois apenas Jesus passa nesse teste. Paulo e Barnabé discutiram, assim como Pedro permitiu que um desejo de parecer bem aos judeus o separasse dos gentios em Antioquia. Os heróis da fé de Hebreus 11 eram visivelmente falhos. Mas seu caráter, sua conduta geral, mostrou que amavam a Deus. Quando caíram, eles se arrependeram de seus pecados e voltaram-se para servi-lo. Apenas aqueles cujo caráter mostra tal amor por Deus, e pela obra do Espírito Santo em seus corações, podem ser aceitos como profetas, mestres, operadores de milagres para o Senhor. Deus pode falar através da boca de homens infiéis como Balaão, mas a igreja não deve olhar para tal como profeta do Senhor.

    Se a pessoa que está sendo provada parece passar neste teste, você olha para os efeitos morais de seu ensino ou obra. Vidas são mudadas pelo arrependimento para nova obediência a Deus? Os que sofrem encontram consolo em Jesus Cristo? Tais pessoas influenciadas por este profeta ou operador de milagre são edificadas em Cristo? Pois todos os dons do Espírito Santo são dados para edificar e fortalecer o povo de Deus (1Co 14.12,26). Se o uso presumido de um dom não edificar o povo de Deus em santidade, fidelidade, alegria no Senhor, amor, paz, paciência e obediência, então, não vêm da parte do Espírito Santo, mas de Satanás. Na nossa situação decaída, nem todos serão igualmente edificados pela obra de qualquer pessoa com dons. Mas o padrão geral será o crescimento do corpo em geral, através do exercício dos dons que vêm de Deus.

    A prova de edificação pode não dar resultados rápidos. Exceto nos casos mais graves, pode levar meses ou anos para se estabelecer um padrão visível. Esta é uma das razões do por que um ancião não pode ser neófito. Ele deve ser um cristão maduro que tem demonstrado em si mesmo e naqueles a quem ele ministra o fruto do Espírito Santo. Mas a prova de edificação, de produzir bons frutos, é um poderoso guarda contra os falsos dons, e uma regra através da qual o uso adequado dos verdadeiros dons seja dirigido.

O quarto teste: os milagres alegados aconteceram?

Falsos sinais e Maravilhas

A Bíblia nos diz claramente que pode haver sinais, prodígios e milagres que não são de Deus, exceto à medida em que ele é a causa primária de tudo o que acontece. Então milagres em si mesmos não provam que o operador de milagre é da parte de Deus.

Deuteronômio 13.1-3 adverte sobre milagres em nome de outros deuses: *"Quando profeta ou sonhador de sonhos se levantar no meio de ti, e te der um sinal ou prodígio, e suceder o tal sinal ou prodígio, de que te houver falado, dizendo: Vamos após outros deuses, que não conheceste, e sirvamo-los; não ouvirás as palavras daquele profeta ou sonhador de sonhos; porquanto o Senhor vosso Deus vos prova, para saber se amais o Senhor vosso Deus com todo o vosso coração, e com toda a vossa alma"*. Um profeta quando fala, proclama que algumas maravilhas acontecerão para confirmar suas palavras e isso se cumpre. Mas se ele defende qualquer outra divindade que não seja o Senhor dos exércitos, deve ser rejeitado. Seu sinal é mostrado como um falso sinal, pois está a serviço de um falso deus. Portanto, maravilhas e dons não necessariamente vêm do Espírito Santo.

Podem até mesmo haver falsos sinais dados em nome do verdadeiro Deus, em nome de Cristo. Em Mateus 7.22ss, Jesus deixou a seguinte advertência: *"Muitos me dirão naquele dia: Senhor, Senhor, não profetizamos nós em teu nome? e em teu nome não expulsamos demônios? e em teu nome não fizemos muitas maravilhas?*

E então lhes direi abertamente: Nunca vos conheci; apartai-vos de mim, vós que praticais a iniquidade". Embora eles falem em nome de Cristo, e façam milagres em seu nome, são marcados pela desobediência à Palavra, pelos maus frutos, e seus adversários. Mais uma vez, Mateus 24.23ss, adverte: *"Então, se alguém vos disser: Eis que o Cristo está aqui, ou ali, não lhe deis crédito; porque surgirão falsos cristos e falsos profetas, e farão tão grandes sinais e prodígios que, se possível fora, enganariam até os escolhidos"*. Ele está falando daqueles que falsamente anunciam que Cristo retornou. Sabe-se que são falsos profetas porque Jesus nos assegura que quando voltar, será manifesto para todos (Mt 24.26ss.). O "Cristo" reconhecido apenas porque algum profeta disse às pessoas que ele está de volta é uma farsa; tal profeta é falso, não importando quão maravilhosos sejam os milagres que ele realizou. Milagres em si mesmos não provam coisa alguma.

Sinais e Maravilhas que falharam

Ora, a falha de um milagre proclamado é significativa, porque Deus nunca falha. Ele fala explicitamente sobre isso: *"Quando o profeta falar em nome do Senhor, e essa palavra não se cumprir, nem suceder assim; esta é palavra que o Senhor não falou; com soberba a falou aquele profeta; não tenhas temor dele"* (Dt 18.22). O milagre que falha não é da parte do Todo-Poderoso e Onisciente Deus.

Se uma pessoa fala em seu nome, e declara algum evento futuro, e esse evento não ocorrer no tempo determinado, sabe-se que tal orador era um falso profeta. Mesmo tendo acertado consecutivamente nas trinta vezes anteriores, se falhar na trigésima primeira vez, isto o caracteriza como um falso profeta, porque o verdadeiro Deus nunca falha. A palavra que vem do Espírito Santo nunca está maculada.

Isso não significa que quando alguém ora por uma pessoa doente para que esta seja curada ou por algum outro milagre, ele deve ser condenado como um falso profeta, caso o milagre não ocorra. Nós muitas vezes nos perguntamos, em nossa fraqueza, pelas coisas que Deus não nos dará, por nos amar muito. Mas se alguém diz: "Tu estás curado de tua perna quebrada" e a perna permanecer quebrada, ou se ele diz, "Deus nos dará dez mil reais amanhã", e tu só receberes dois mil reais, ele é falso profeta.

Nos tempos do Antigo Testamento tal pessoa estaria sujeita à execução (Dt 18.20), e no contexto da igreja desde a vinda de Cristo ele deveria ser expulso imediatamente, removido da membresia da igreja visível como um falso profeta, até que se arrependesse.

Precisamos ser muito claros sobre isso. Se uma pessoa que proclama um sinal ou uma maravilha em nome de Deus, e esta não ocorrer, não deve ser considerado como um irmão cristão que cometeu apenas uma bobagem sem importância. A Bíblia diz que tal pessoa é um falso profeta, sendo tão grave ao ponto de se exigir sua excomunhão como manifestadamente um inimigo de Deus.

Sinais e Maravilhas que testificam a Cristo

Tendo dito tudo isto, sabemos que Deus não testifica a si mesmo por meio de milagres. A sarça ardente foi um sinal para

Moisés. Ele deu a Moisés outros sinais para persuadir o povo de Israel de que foi Deus quem havia falado com ele (Êx 4.1-9).

O Senhor também concedeu vários sinais a Gideão. Primeiro, ele consumiu o sacrifício que Gideão ofereceu pelo fogo (Jz 6:17ss). Mais tarde, deu-lhe o sinal do novelo que estava molhado quando o chão estava seco e seco quando o chão estava molhado. Ainda posteriormente ele concedeu a Gideão uma visão profética através de palavras de seu inimigo aterrorizado da maneira conforme Gideão contemplou fora do seu arraial à noite (Jz 7.9-15). Ao longo dos anos, Deus deu outros sinais para confirmar a sua palavra a seu povo. No período do Novo Testamento, as maravilhas e milagres realizados no nome de Cristo eram sinais dos verdadeiros apóstolos (2Co 12.12).

Às vezes Deus confere poder a seu povo no confronto deles com representantes de falsos deuses. Quando Moisés se apresentou diante de Faraó, os magos feiticeiros foram capazes de imitar algumas das maravilhas que Deus fez através de Moisés. Tal fato ajudou a endurecer o coração de Faraó contra Deus e seu povo. Mas, bem antes do final os magos falharam e confessaram: *"Isto é o dedo de Deus"* (Êx 8.19). No entanto, Faraó não estava convencido! Elias estava no Monte Carmelo contra os profetas de Baal. Evidentemente que esperavam que seu deus lhes desse um sinal; mas ele não podia. O verdadeiro Deus deu o seu sinal para o povo naquele dia.

Mas os milagres em si mesmos não são prova suficientes. Às vezes, os agentes do mal podem fazer milagres. Além disso, o mais maravilhoso dos milagres não vai convencer o coração endurecido contra Deus. Quantas maravilhas Jesus fez? Apesar deles, todo o povo gritou: "Crucifica-o!".

O fracasso de um milagre proclama uma clara evidência de que o operador do milagre ou o profeta não vem da parte de Deus. Deus frequentemente usa milagres para confirmar sua obra ao seu povo. Mas os milagres não são em si mesmos suficientes para mostrar que esta é a mão de Deus. Como uma prova positiva do trabalho do Espírito Santo, os milagres não podem fazer mais do que confirmar as conclusões tiradas através de outras provas.

O quinto teste: isso resulta na união do povo de Deus?

O Espírito Santo é Espírito de unidade; *"andeis como é digno da vocação com que fostes chamados, com toda a humildade e mansidão, com longanimidade, suportando-vos uns aos outros em amor, procurando guardar a unidade do Espírito pelo vínculo da paz. Há um só corpo e um só Espírito, como também fostes chamados em uma só esperança da vossa vocação"* (Ef 4.1-4). A unidade da Igreja de Cristo é um reflexo da presença do único Espírito de Deus atuando nela. Isso traz consigo a implicação de que o operar do Espírito Santo unirá o povo de Deus, não o contrário. Onde há divisão como resultado do exercício de supostos dons do Espírito, presume-se que os tais não são de fato dons de Deus.

Algumas décadas atrás, certa congregação foi confrontada com pessoas na mesma que alegavam possuir dons proféticos. Estes supostos profetas ordenaram "da parte de Deus" que certas pessoas deveriam se casar. Infelizmente, os cristãos que receberam tais direcionamentos não se deram bem. A disciplina da igreja foi aplicada contra eles por desobediência a Deus. A congregação foi dilacerada por causa de uma falha ao prová-los. A discordância por parte de cristãos sérios com relação a alegação de que as coisas que foram ordenadas eram a vontade de Deus para eles deveria ter resultado, senão, em disciplina aos profetas, como falsos profetas.

A obra do Espírito é vista logo após Saul ser ungido rei de Israel. Saul ouviu falar de um violento ataque contra o povo de Deus. Então o Espírito do Senhor veio sobre Saul, quando este ouviu essa notícia, e levantou-se sua ira grandemente. Então, Saul tomou uma junta de bois e cortou-as em pedaços, e as enviou por todo o território de Israel pelas mãos dos mensageiros, dizendo: *"[...] Qualquer que não seguir a Saul e a Samuel, assim se fará aos seus bois. Então caiu o temor do Senhor sobre o povo, e saíram como um só homem"* [(1Sm 11.7)]. Aqui estava uma ordenança erguendo-se por obra do Espírito Santo. O mesmo Espírito Santo fez com que todas as pessoas respondessem em santa reverência a Deus. Houve unanimidade, porque era da parte do Espírito Santo.

Deus diz a seu povo que devem procurar sábio conselho quando estão tomando decisões. Na verdade, eles devem consultar muitos conselheiros (Pv 11.14; 15.22; 24.6) e certamente isso se destina a garantir que não se perca algo em seu planejamento. Mas também reflete o fato de que o Espírito Santo é Espírito de unidade. No acordo de muitos conselheiros, tu podes ter certeza que provavelmente recebeu a sabedoria do Espírito Santo. Ao lidar com os dons do Espírito Santo, particular atenção deve ser naturalmente dada às pessoas que manifestarem dons de discernimento entre falsos espíritos e o Espírito Santo de Deus.

Embora o Espírito seja Espírito de unidade, os cristãos tementes a Deus nem sempre concordam entre si. Paulo e Barnabé chegaram ao ponto de um desacordo tamanho que se separaram (At 15.39). Isso significa que este não é um teste para se aplicar apressadamente. Se a igreja é fortalecida e unificada pelo exercício de algum dom, é provável que seja de Deus. Se houver discordância, o povo de Deus deve tomar tempo para considerá-la em espírito de oração e esforçar-se diligentemente para um acordo. É sempre possível que a discordância venha do pecado de pessoas que resistem à direção do Espírito de Deus, mas normalmente se presume que a divergência não resolvida é evidência de que os supostos dons são falsos.

Ausência de provas: uso indevido de dons espirituais

Tem sido sugerido que o uso dos dons espirituais de uma forma que não está em conformidade com o padrão ordenado em 1Coríntios 14, também demonstra que os mesmos não são de origem divina[275]. Esta é uma hipótese muito atraente, que nos leva à pergunta sobre como pode um dom que faz parte da revelação divina ser usado de uma forma que é contrário à esta própria revelação? No entanto, estamos convictos que tal conclusão é duvidosa. Paulo, como ele mesmo expôs os regulamentos que regem o uso dos dons espirituais em 1Coríntios 14, escreveu claramente com o propósito de corrigir abusos. No entanto, ele não sugeriu por palavra alguma que o uso indevido dos dons implicaria que estes não seriam da parte de Deus. Se fosse verdade que o abuso demonstra que os dons não são de Deus, então somos levados a concluir que os de Corinto não vieram do Espírito Santo. No entanto, Paulo

---

[275] R. G. Gromacki, *The Modern Tongues Movement*. Philadelphia: Presbyterian and Reformed Publishing Co., 1967. p. 129.

trata-os como sendo (1Co 12.4ss.). Neste ponto, uma distinção precisa ser feita similar à que foi feita na introdução entre revelação e inspiração. Deus dá aos homens dons de revelação, mas o uso desses dons é livre (1Co 14.32; CFW IX). Assim, eles podem ser usados indevidamente, embora não se negue a origem divina deles. Todavia, a Bíblia ensina explicitamente que tais abusos não podem estar em uma forma que contradiga a confissão de fé no Deus Trino, ou aquele que entrega uma revelação contradiga qualquer ensinamento ou informação das Escrituras. Aqueles que afirmam exercer os dons devem estar sujeitos ao controle e à disciplina eclesiástica, se necessário, para garantir que eles permaneçam dentro dos limites estabelecidos nas Escrituras.

Testes suficientes para nos proteger

Não se pode alegar dons que levantam dúvidas, mesmo que nenhum dos testes acima os exclua. As provas que Deus nos deu vão eliminar rapidamente o que é suscetível a ser prejudicial, enquanto também há uma série de perguntas a serem feitas a qualquer um que advogue dons de profecia ou a fé para milagres. Será que essa pessoa leva as demais a servirem ao verdadeiro Deus? Será que o ensino deles está em conformidade com a Escritura, e particularmente com o evangelho? Se ele pretende realizar sinais ou maravilhas ou prever o que acontecerá, suas previsões sempre falham? Se o fizerem, a culpa é do requerente, não da falta de fé de um destinatário. Isso é motivo de remoção imediata da igreja de Cristo. Suas palavras e atos são edificantes? Isto deve ser evidente tanto em seu próprio caráter moral visível e em seu efeito sobre o caráter moral dos outros. Se a obra é do Espírito Santo, as pessoas devem crescer mais perto de Deus e crescer na fidelidade ao seu ensino. Se nenhum destes testes desacredita a afirmação, é importante ouvir a voz de todos entre o povo de Deus. Isso inclui ouvir com especial atenção à maturidade em Cristo, aqueles conhecidos por serem bons em discernir espíritos. A unidade marca a voz do Espírito Santo, enquanto a desunião soletra os problemas. Se houver desunião, alguém não está ouvindo o Espírito Santo, e passa a ser nosso dever procurar a causa da desunião, lidando com ela.

Tudo quanto passar nestas provas será na pior das hipóteses de pouco dano para a igreja de Cristo ou de seus membros. Alguns dos testes são para longo prazo. Ao olhar para o fruto dos dons do Espírito, a impressão inicial pode ser equivocada depois de semanas ou mesmo de anos. Mas o pecado que leva muito tempo para mostrar seus efeitos é realmente pequeno.

6 Lidando com os dons do Espírito

Devemos lidar com as falsas reivindicações de dons

A igreja deve ser purificada dos falsos profetas

No Antigo Testamento o mandamento era explícito. O falso profeta deveria ser executado em Israel (Dt 13.4; 18.20). Você vê isso sendo posto em prática quando Elias confronta os falsos profetas de Baal no Monte Carmelo. Quando o Senhor demonstrou que apenas ele era o verdadeiro Deus, lançaram mão dos profetas de Baal e os executaram (1Reis 18.40). Não havia e não há lugar para falsos profetas no meio do povo de Deus.

Todavia, no período do Novo Testamento o poder da espada não está mais atrelado à igreja. Mesmo no Antigo Testamento, o poder da espada foi dado ao governo civil, mas a igreja e o Estado estavam associados de forma tão próxima que a distinção não era muito visível. Além disso, enquanto o povo de Deus estava em uma nação apenas, a execução era o único meio de remover um falso profeta. Contudo, esse não é mais o caso. Nós não nos distinguimos mais por fronteiras nacionais, mas sim por fronteiras confessionais, pela fé que nos vincula enquanto povo. Na igreja do Novo Testamento, a resposta apropriada aos falsos profetas é a excomunhão, a remoção da igreja. Essa é a mesma mudança que temos ao lidar com a imoralidade sexual. Assim, enquanto no Antigo Testamento a pena era a morte, no Novo Testamento, a pena é a excomunhão (1Co 5.1-5). Falsos profetas devem ser removidos da igreja.

Alguns autores argumentam que deve haver uma complacência com os profetas no Novo Testamento dizendo que a profecia no contexto neotestamentário tem um caráter diferente do Antigo. Eles argumentam, por exemplo, que Ágabo não profetizou com a exatidão do Antigo Testamento quando pegou o cinto de Paulo, prendeu suas próprias mãos, pés, e disse "Isto diz o Espírito Santo: Assim os judeus, em Jerusalém, farão ao dono deste cinto e o entregarão nas mãos dos gentios." (At 21.11). Eles chamam então nossa atenção para o fato de que Paulo foi preso pelos romanos.[276] Contudo, este argumento mostra uma falha no entendimento do uso bíblico do simbolismo ao esperar um cumprimento de detalhes que é raramente visto no Antigo Testamento. Paulo mesmo declarou: "vim preso desde Jerusalém, entregue nas mãos dos romanos" (At 28.17). Em Êxodo 23.28, Deus diz ao povo: "Também enviarei vespas diante de ti, que lancem os heveus, os cananeus e os heteus de diante de ti".

---

[276] Graham Houston, *Prophecy: a gift for today?*. Downers Grove, Ill., InterVarsity Press, 1989, p. 115.

Mas o cumprimento foi por meio de uma variedade de meios, à medida em que Deus derrotava os inimigos de Israel. Moisés advertiu o povo de que, quando eles traíssem a Deus, ele iria por sobre o pescoço de Israel "um jugo de ferro, até que te haja destruído." (Dt 28.48). Este é o mesmo Moisés usado por Deus para declarar que o profeta cuja palavra não se cumprisse era um falso profeta. Mas ninguém espera um cumprimento estritamente literal da profecia. Da mesma forma, um cumprimento estritamente literal não é esperado da profecia neotestamentária.

Eles baseiam sua visão em passagens como Atos 21.4, onde certos discípulos "movidos pelo Espírito, recomendavam a Paulo que não fosse a Jerusalém". Paulo ignorou a voz do Espírito (assim argumentam) e seguiu seu caminho dizendo "E, agora, constrangido em meu espírito, vou para Jerusalém" (At 20.22). Dizem que, embora verificado o erro, esses irmãos não foram condenados como falsos profetas. O argumento deles não se sustenta quando consideramos o restante da fala de Paulo sobre o assunto; "constrangido em meu espírito, vou para Jerusalém, não sabendo o que ali me acontecerá, senão que o Espírito Santo, de cidade em cidade, me assegura que me esperam cadeias e tribulações." (At 20.22-23). Paulo não diz que o Espírito testificou "Não vá para Jerusalém", mas que ele advertiu a Paulo de que tribulações o aguardavam. Nem Atos 21.4 afirma que os discípulos falaram algo como: "O Espírito nos diz que você não deve ir a Jerusalém". O Espírito disse a eles que Paulo enfrentaria tribulações, e foi isso o que eles disseram ao apóstolo, pedindo a ele que não fosse. Um relato mais detalhado e explícito do que aconteceu é dado alguns versículos depois. Em Atos 21.10-11, nós vemos a profecia de Ágabo, que declarou que os judeus amarrariam a Paulo e o entregariam nas mãos dos gentios. Imediatamente, eles se juntaram e começaram a apelar a Paulo que não fosse. Esse é o significado do que foi resumido em Atos 21.4.

Também argumentam que existe uma diferença entre o ensino apostólico e a profecia neotestamentária.[277] Nós temos o mandamento de provar os profetas, mas "Paulo certamente não encorajou os crentes a tratarem o seu ensino apostólico da mesma maneira". Mas, essa alegação é verdadeira? Os ouvintes de Paulo em Beréia foram elogiados porque estavam "examinando as Escrituras todos os dias para ver se as coisas eram, de fato, assim." (At 17.11). Eles testaram o ensino de Paulo, e foi apropriado que eles agissem assim. O argumento de que os profetas do Novo Testamento estavam em um patamar abaixo não passa no teste do ensino da Escritura.[278]

Em síntese, a Igreja deve ser purificada dos falsos profetas porque eles a transformam em uma "não Igreja". Eles lideram as pessoas para longe de Deus e sua verdade.

Curadores devem ser ensinados a olhar para a sua própria fé

Apenas uma vez a Bíblia associa a falta de curas com a falta de fé do povo. Isto aconteceu na visita de Jesus a Nazaré

---

[277] Wayne Grudem. *The gift of prophecy in 1 Corinthians*. Lanham, Maryland: University Press of America, 1982; Graham Houston, *Prophecy: a gift for today?*. Downers Grove, Ill.: InterVarsity Press, 1989.

[278] Essa é uma breve resposta a assuntos que estão sendo desenvolvidos com profundidade em outros livros. Alguns irão dizer que, até que você tenha lido aqueles livros em detalhe, você não fez justiça ao assunto. Esse é sempre um perigo presente em respostas curtas. Contudo, eu penso que aqueles que examinarem tais livros verão que o coração da matéria está registrado nestes parágrafos.

(Mt 13.53-58). Por quê a incredulidade impediria a Jesus de fazer muitas curas? Certamente o seu poder não foi limitado. Ao invés disso, as curas não serviriam para o avanço do Reino, mas seriam vistas como meros truques de mágica por aquelas pessoas que conheciam a Jesus tão bem ("Ele cresceu em nosso meio", eles insistiam), mas ainda não o conheciam de fato. Na verdade, toda a familiaridade com Jesus no período de sua infância, e como homem, os cegaram para a sua glória. Eles desejavam ouvi-lo como um famoso filho da terra, mas quando Jesus falou da sua posição como Messias, e quando os advertiu de que estavam sendo deixados por Deus, eles se juntaram para matá-lo (Lc 4.16-30). Milagres ali seriam desperdiçados, em sua maioria.

Em várias passagens, as pessoas são chamadas a crer antes de receberem a cura. Mas seria a cura dependente de alguma forte certeza de que Deus iria curar os enfermos? De modo algum! Os discípulos aprenderam que uma fé tão pequena como um grão de mostarda seria suficiente para que eles removessem montanhas (Mt 17.20). O homem com o filho endemoninhado pediu ajuda com sua incredulidade, sua falta de fé, mas o filho foi curado por Jesus (Mc 9.24). O poder de curar está no Espírito Santo que dá dons aos homens e não nas pessoas que necessitam de cura. A fé requerida é a fé do povo de Deus, a confiança de que ele é o Senhor e o doador da vida.

Contudo, aquele último incidente coloca a fé onde ela deve estar. O homem com o filho endemoninhado veio aos discípulos buscando uma cura, enquanto Jesus estava orando no monte, e eles falharam em curar o menino. Era a fé do homem maior quando Jesus desceu? Isso é altamente questionável. Ele tinha vindo à comitiva de Jesus esperando pela cura de seu filho, e os discípulos falharam. Isso em hipótese alguma fortaleceria a sua fé. Além disso, mais tarde, Jesus colocou a responsabilidade pela falha nos discípulos, e não no homem e em seu filho. Seus discípulos perguntaram-lhe reservadamente: "Por que não pudemos nós expulsá-lo? Respondeu-lhes: Esta casta não pode sair senão por meio de oração e jejum" (Mc 9.28-29). A falha, portanto, foi deles, visto que não investiram tempo suficiente com Deus para aumentarem sua fé.

Essa é a única vez na Bíblia em que vemos alguém com dom de cura tentar curar alguém e falhar, e a responsabilidade da falha é colocada inteiramente em quem tinha o dom de cura, e não na pessoa que veio ser curada. Nós sabemos que não é o propósito de Deus curar todas as pessoas. Paulo, um homem de fé testada e um poderoso curador, teve sua cura negada quando ele pediu a Deus para curá-lo (2 Co 12.7-10). Aquele com dom de cura que diz a alguém que ele vai ser curado, e então culpa a falta de fé da pessoa por falhar, está olhando para a direção errada. Ele deveria considerar sua própria falta de fé. Mais: ele está perigosamente próximo de ser um falso profeta. Esses erros vêm da ignorância e do falso ensino, mas a Igreja precisa considerar que eles marcam um dom falsificado, e testar isso muito cuidadosamente.

Línguas são um dom, não uma habilidade aprendida

Com ênfase exagerada de hoje no dom de línguas, nós temos o fenômeno não bíblico de pessoas sendo ensinadas a falar em línguas. A Igreja precisa se lembrar de que isso é um dom de Deus. Não existe nenhum registro bíblico de pessoas sendo ensinadas a falar em línguas e aqueles que receberam o dom (não todos, como já vimos) falam em línguas espontaneamente. Por outro lado, aqueles que afirmam que tais dons cessaram apontam para a existência da glossolalia, algo que lembra as línguas, em quase todas as religiões. Claramente as pessoas podem aprender algo que lembra as línguas, mas o dom de Deus não precisa ser ensinado. Se uma pessoa precisa ser ensinada a falar em línguas, nós devemos duvidar de que as línguas em questão venham do Espírito.

Disciplina é a chave para o uso edificante dos dons espirituais

Princípios da disciplina

Os princípios básicos da disciplina estão prescritos em Mateus 18.15-20. Se um membro da igreja te ofende, você deve abordá-lo privativamente, e o encorajá-lo a se arrepender. Se ele se recusar a ouvi-lo, então leve outras pessoas que ele respeite para conversar com ele. Se ainda se recusar a ouvir, diga-o à igreja. Normalmente, isso é feito trazendo o caso à atenção dos presbíteros, que deverão procurar corrigir o ofensor, mas que vão excluí-lo da igreja se todas as tentativas de correção falharem, na esperança de que isso o faça voltar ao bom senso (Mt 18.17; 1Co 5.5).

O objetivo geral da disciplina eclesiástica é corrigir, restaurar e edificar o ofensor. A disciplina formal não é algo que você decida apressadamente fazer, mas deve ser feita somente quando tentativas sérias de admoestar e aconselhar o ofensor, falharam.

Contudo, certas ofensas exigem uma ação mais imediata. Nesses assuntos que estamos lidando, a falsa profecia deve ser considerada com extrema seriedade. O membro da igreja que falar em favor de outro deus, ou que profetizar algum milagre que não aconteceu, esse não deve ser aconselhado, mas sim sofrer disciplina imediata. Tais ofensas públicas e que trazem tristeza mostram claramente que o profeta não é parte do povo de Deus. Tal pessoa não pode ser restaurada, mas apenas removida da Igreja visível pela excomunhão. Ele ou ela devem, portanto, ser ganhas para Cristo, mas aquela pessoa não pode continuar em sua Igreja. Para tais ofensas, a excomunhão formal deve ser feita rapidamente e com a aplicação de uma justiça visível.

Deveria ser um ponto pacífico reconhecer que a excomunhão não é a condenação de uma alma ao inferno. Ela é a remoção da Igreja de alguém que aparenta estar a caminho do inferno, que aparenta negar a Cristo com suas ações, mesmo que ele afirme a Cristo com suas palavras. Isso significa que há lugar para arrependimento e restauração. Mas a restauração é sempre gradual. Onde há arrependimento visível, a sentença de excomunhão é levantada e o ofensor restaurado à comunhão do povo de Deus (2Co 2.3-11). Ele não deveria ser convidado para ensinar imediatamente, enquanto deve haver igualmente dúvida considerável contra suas alegações de possuir os dons cujos abusos levaram à sua excomunhão. Na verdade, qualquer expectativa por parte da pessoa de que ela deveria, imediatamente, receber reconhecimento, deveria levantar dúvidas sobre seu arrependimento. Se arrependimento pode ser algo, este algo é, sobretudo, humildade. Apenas depois que o arrependimento foi provado após um período de tempo é que pode haver uma restauração normal para qualquer tipo de liderança.

Disciplina se aplica àqueles que estão na Igreja

Nós deveríamos ser muito claros de que a disciplina deve ser exercitada dentro da igreja (1Co 6.9-12). Mesmo que todas as pessoas devessem se ajoelhar diante de Cristo e honrar ao Senhor do Céu, a igreja não tem nenhuma autoridade fora de seus limites. A grande preocupação da Igreja quanto à disciplina é manter sua pureza, corrigir e edificar aqueles que são visivelmente o povo de Deus, e defender a honra de Deus. Israel não foi até a Síria ou a Amom para destruir os falsos profetas naqueles países. Mas aqueles de Israel que se virassem para outros deuses deveriam ser removidos. As falsas práticas dentro da Igreja são o nosso maior perigo. É onde nós precisamos exercer a disciplina eclesiástica. Nós procuramos converter aqueles que estão fora, e não julgar.

Disciplina tem um escopo maior do que simplesmente limpar a igreja dos ofensores

Disciplinar é relacionado a treinar, fortalecer e equipar os soldados de Deus para o serviço militar. Ela acontece em todo o ensino, encorajamento, correção, repreensão, suporte e orientação que damos um ao outro na igreja. Ela nos dá foco e clareza, ordem e força para usar os dons que Deus dá ao seu povo, sejam dons ordinários como o ensino, ou dons como as línguas.

Eu me lembro de um culto especial que fui quando era um estudante de seminário, de uma série de sermões de verão em uma quarta-feira à noite, na Knox Church, em Toronto. O pregador cometeu um erro sério em sua mensagem. Ao final do sermão, o pastor veio para agradecê-lo, e com seu braço ao redor dele, em aceitação fraternal, recapitulou os principais pontos de sua mensagem com a congregação. No processo, gentilmente sem fazer alarde, ele corrigiu aquele erro. Foi um exemplo maravilhoso de uma disciplina praticada em amor bíblico.

Enquanto eu estudava no Westminster Seminary, um estudante me contou de um truque que usava em uma igreja pentecostal do lugar. Ele havia memorizado cuidadosamente o Salmo 23 no original em hebraico. Então, quando as pessoas estavam orando em línguas, ele recitava o Salmo como sua oração. Depois de alguns instantes, o líder pedia por uma interpretação e quando nenhuma interpretação era oferecida, o líder dava uma, que não tinha relação alguma com o salmo. Isso foi contado como uma refutação às reivindicações modernas dos dons de línguas e interpretação.

Não há dúvidas de que o que aconteceu mostra um problema, uma falha. Mas houve uma falha das duas partes. O estudante agiu de modo enganoso. Ele não usou o dom bíblico de falar em línguas — uma língua não aprendida como nós vemos em Atos 2. Em vez disso, memorizou uma porção da Bíblia em uma língua estrangeira e ao fazer assim agiu em oposição ao espírito da proibição de Paulo sobre línguas não interpretadas em 1Coríntios 14.28. Aquela regra foi dada explicitamente porque era importante que todos os presentes pudessem participar da adoração, entendendo o que se dizia.

Mais que isso, o estudante estava transformando a adoração a Deus, uma santa atividade, em uma armadilha para cristãos desavisados. Superficialmente pelo menos, pareceu não estar lá para exaltar o nome de Deus em adoração, mas para humilhar irmãos em Cristo que tinham uma teologia falha.

Todavia, ele mostrou uma falha daquela igreja pentecostal, mas não a falha que ele pensa que mostrou. Quando palavras são ditas publicamente em línguas desconhecidas, o líder não deveria ter oferecido uma falsa interpretação em uma tentativa de se conformar ao ensino da Bíblia. No entanto, ele deveria ter dito ao estudante, de modo gentil mas firme, que não orasse em línguas em voz alta, até que um intérprete estivesse presente, mas, se Deus o movia a orar, que o fizesse de modo privativo.

É claro na Bíblia que a prática de orar publicamente em línguas, sem interpretação, é errada. É de responsabilidade da pessoa com dom de línguas certificar-se de que um intérprete está presente antes de orar em voz alta. No Pentecostes, havia muitos intérpretes presentes. Eles estavam maravilhados, ouvindo Deus ser louvado em suas línguas nativas. É também responsabilidade dos líderes da igreja, dos presbíteros, restringir de modo gentil e ensinar corretamente aqueles que oram entusiasmados quando não há intérprete.

Provar os espíritos para ver se eles vêm de Deus, corrigir e encorajar aqueles que tropeçam, remover do corpo de Cristo os falsos profetas que se opõem a Deus, todos estes elementos fazem parte da disciplina. É ela, construída sobre a fundação de um meticuloso ensino da Palavra de Deus (boa doutrina), que permite que os dons distribuídos pelo Espírito sejam usados com o melhor resultado para a glória dele. Disciplina não é fácil, e ela não deve ter sido fácil para o pastor da Knox Church que se levantou e corrigiu publicamente o pregador convidado. Mas é por meio da disciplina que a Igreja é purificada, edificada e direcionada nos caminhos de Cristo. A disciplina direciona o entusiasmo e a força do povo de Deus rumo ao centro do alvo.

Conclusão

A doutrina dos dons do Espírito Santo exige criteriosa atenção das igrejas cristãs hoje em dia. Nós olhamos para essa doutrina em conexão com o fechamento do cânon das Escrituras e vimos que ele não implica na cessação dos dons revelatórios. Eu confio, que pela graça de Deus, isso seja um passo a mais para dar um entendimento bíblico verdadeiro e detalhado desses dons e do seu devido lugar na Igreja de Cristo.

Nos idos de 1900 enquanto o Pentecostalismo crescia, houve uma considerável divisão nas igrejas evangélicas: De um lado, aqueles mais orientados pelo entusiasmo e pelo pietismo (o experimentar a Deus), e de outro, um grupo mais orientado pelo conhecimento teológico, intelecto e doutrina. No entanto, é preciso que se diga, que ambos os lados perderam com a divisão. Os pentecostais perderam uma sólida âncora da verdade divina, que poderia ter evitado muitos excessos e direcionado a sua energia para um alcance ainda maior. O restante, perdeu uma parte central de seu zelo, de amor entusiasmado pelo Senhor, que deveria ter energizado e estabelecido igrejas com uma força renovada para moldar o mundo para Cristo. Como é dito claramente em 1Coríntios 12, a perda de qualquer pessoa com dons espirituais enfraquece a igreja. Os dois lados nunca poderão atingir a força que teriam se estivessem juntos, guardando e motivando um ao outro no serviço a Cristo.

Eu pertenço à parte doutrinária e intelectualmente orientada da igreja, por sua filiação eclesiástica, mas também por sua inclinação natural em relação aos dons do Espírito Santo. Eu compartilho dos compromissos, das experiências e das atitudes da maioria dos que alegam que os dons revelatórios cessaram. Mas eu considerei os argumentos deles sobre essa matéria como insuficientes. Eu acredito que meus irmãos em Cristo desviaram-se de uma verdade fundamental das Escrituras por causa de sua demasiada preocupação em evitar um problema. Reiteradas vezes, ao discutir esse assunto, a conversa acabou indo na direção dos abusos, das igrejas devastadas pelo exercício falso e abusivo dos "dons". Parece-me que essa profunda preocupação emocional, esse amor pela paz da igreja de Cristo, esse desejo do coração de proteger os mais fracos dos problemas horríveis que realmente vemos em vários lugares, serve como combustível para um desejo de por em descrédito qualquer reivindicação desses dons. O assunto tem sido proclamado como a autoridade final da palavra de Deus, a Bíblia. Mas a razão que vemos nas entrelinhas é o medo de abusos e excessos, e a compaixão por muitos que foram feridos.

Nosso estudo argumenta que o fechamento do cânon das Escrituras não implica na cessação dos dons revelatórios. Isso responde prioritariamente ao assunto já mencionado da autoridade das Escrituras. Nós também olhamos os meios de testar supostos dons espirituais, corrigir ou evitar abusos. Nem sempre esses meios irão proteger as pessoas de serem machucadas, assim como nem sempre eles prevenirão excessos, e podem ser aplicados tarde demais para evitar alguma dor. Mas isso também se aplica a tudo que fazemos no serviço de Cristo. Aqui, e em tudo o mais, nós temos que trabalhar pacientemente com os meios que Deus nos dá, o que, em alguns casos testemunhados nas cartas de Paulo, significa limpar a bagunça que o povo de Deus faz, depois que alguns foram machucados.

Foi considerado o argumento de que a completude das Escrituras do Novo Testamento implicaria na cessação dos dons revelatórios do Espírito Santo. Após uma breve discussão inicial dos dons do Espírito Santo, examinamos a doutrina do cânon das Escrituras. Nós trabalhamos de um ponto de vista da canonicidade que dá a base mais forte possível ao argumento de que o fechamento do cânon implicaria na cessação dos dons revelatórios. Noutro capítulo, as cinco formas básicas em que este argumento da cessação dos dons foi desenvolvido, e vimos que as últimas quatro estão interrelacionadas. A primeira é a reivindicação de que toda revelação especial é canônica, e o quarto capítulo foi escrito para refutar isso. Foi demonstrado que nos tempos bíblicos havia uma revelação especial que não era canônica. A revelação veio por meio do exercício dos dons revelatórios. 1Coríntios 13.8 tem sido citado como uma declaração direta de que esses dons cessaram, uma vez que as Escrituras foram completadas. Essa ideia foi refutada. Finalmente, os quatro argumentos restantes pela cessação dos dons revelatórios foi examinada, e foi mostrado que não há necessidade de concluir o que eles afirmam. Uma vez que aquilo que "é expressamente declarado na Escritura ou pode ser lógica e claramente deduzido dela" (CFW, I:6) deve ser aceito como uma consistente afirmação doutrinária, não há uma boa base, por esse argumento, para afirmar que os dons cessaram.

O escritor acredita que isso é uma refutação conclusiva do argumento da cessação dos dons revelatórios com base na completude das Escrituras. Nem toda Escritura pertinente foi considerada; muitas passagens relacionadas não foram sequer mencionadas. Já a refutação envolve todas as facetas do argumento baseado na completude da Bíblia. Qualquer argumento que se sustente nessa base irá cair em uma das cinco categorias que já apresentamos nesse estudo. E qualquer desses argumentos irá cair nas considerações que foram desenvolvidas aqui.

Aqueles que argumentam pela cessação dos dons revelatórios acreditam que nós somos limitados pelo ensino da Bíblia. Eles pretendem defender a autoridade dela contra o que eles veem como uma ameaça. Contudo, ao tentarem preservar a Bíblia de acréscimos por meio da continuidade de dons revelatórios, estão fazendo seus próprios acréscimos (ou supressões, em alguns casos), da história, da tradição ou de suas pressuposições. Ao tentarem defender o princípio do *Sola Scriptura*, eles traem a si mesmos. Sua prática, e não a sua intenção, pode ser descrita grosseiramente como "*Sola Scriptura* ampliada" contra as revelações dos dias atuais. Contrariamente ao seu propósito, seus argumentos não estão de acordo com a prática da Bíblia, de toda a Bíblia, e nada além da Bíblia como nossa fonte de conhecimento de Deus e de seus caminhos. Por essa razão, rejeitamos suas conclusões, e temos fé de que eles mesmos irão ver como se desviaram de seu princípio teológico fundamental, e também rejeitarão essas conclusões equivocadas.

Em resumo,

> ... nós não encontramos nada nas Escrituras que indique uma linha que possamos desenhar para definir um período que marque um limite entre a época dos milagres e época da ausência dos milagres. É significativo que esse problema não apareça na Escritura.[279]

---

[279] G.C. Berkouwer, *The providence of God*, trans. L.B. Smedes, *Studies in dogmatics*. Grand Rapids: Eerdmans Publishing Co., 1972, p. 224.

Ninguém nega que nos tempos bíblicos Deus deu muitos dons revelatórios. Isso deixa para os cessacionistas o ônus de provar, na Bíblia, que ele não faz mais isso. Até que alguém faça isso, a presunção é a de que Deus continua a dar esses dons quando ele vê razão para fazê-lo. Não é suficiente dizer que a história da redenção está completa, e então não devemos esperar por mudanças. Também é necessário mostrar que Deus mesmo proclamou essas mudanças. Isso não foi feito por aqueles que argumentam pela cessação dos dons espirituais. Além do mais, nós vimos trechos das Escrituras que sugerem fortemente que Deus continua a doar tais dons. Não é apenas que não há provas de que ele tenha decidido parar de doá-los; há uma evidência positiva de que ele espera dar esses dons em algumas situações.

Então nós olhamos brevemente para a questão de como deveríamos lidar com eles. Uma base doutrinária foi dada, que inclui a revelação nos dias atuais sem infringir a autoridade da Bíblia em qualquer grau. Os testes bíblicos para checar a autenticidade das reivindicações de manifestações de dons do Espírito foram expostos brevemente. Finalmente, nós olhamos para a necessidade da prática da disciplina, para lidar de modo firme com qualquer um da Igreja que falsamente alegue ter dons espirituais.

Os dons do Espírito são dados para edificar a Igreja de Cristo. Descartá-los sem a clara autoridade de Deus é jogar fora parte de suas bênçãos. Permitir falsificações desses dons dentro da Igreja seria permitir que os filhos de Deus sejam envenenados. Mas, se nós os submetermos aos testes da Escritura e à disciplina que Deus nos ensinou aplicar, eles nos trarão ricas bênçãos do Senhor.

BIBLIOGRAFIA
Dons do Espírito

Livros

BABCOX, Neil. A search for charismatic reality: one man's pilgrimage. Portland, Oregon: Multnomah Press, 1985.

BARROW, Greg. A reformation discussion of extraordinary predictive prophecy subsequent to the closing of the canon of Scripture, by the Session of the Puritan Reformed Church of Edmonton. Edmonton, AB: SWRB, 1998.

BERKHOF, Hendrikus. The Doctrine of the Holy Spirit: The Annie Kinkead Warfield Lectures 1963-1964. Richmond, Va.: John Knox Press, 1964.

BERKOUWER, Gerrit Cornelius. The Providence of God. trans. Lewis B. Smedes. Studies in Dogmatics. Grand Rapids: Wm. B. Eerdmans Publishing Co., 1972.

BIRD, Herbert S. Theology of Seventh Day Adventism. Grand Rapids: Wm. B. Eerdmans Publishing Co., 1961.

BOETTNER, Loraine. Studies in Theology. 11th ed. [Nutley, NJ]: Presbyterian and Reformed Publishing Co., 1973.

BRUMBACK, Carl. AWhat Meaneth This? A Pentecostal Answer to a Pentecostal Question. Springfield, Mo.; The Gospel Publishing House, 1947.

BRUNER, Frederick Dale. A Theology of the Holy Spirit: The Pentecostal Experience and the New Testament Witness. Grand Rapids: Wm. B. Eerdmans, 1970.

BURDICK, Donald W. Tongues: To Speak or not to Speak. Chicago: Moody Press, 1972.

CHANTRY, Walter J. Signs of the Apostles. Edinburgh: Banner of Truth Trust, 1973.

DOWNER, Arthur Cleveland. The Mission and Ministration of the Holy Spirit. Edinburgh: T. & T. Clark, 1909.

DUNN, James D. G. Baptism in the Holy Spirit: A Re-examination of the New Testament Teaching on the Gift of the Spirit in Relation to Pentecostalism

Today. Studies in Biblical Theology, 2d ser., no. 15. Naperville, Ill.: Alec R. Allenson, 1970.

DYE, Eric. Report of the Missouri Presbytery Study Committee on Prophecy. : (Typescript), 1988.

EDGAR, Thomas R. Miraculous gifts: are they for today?. Neptune, N.J.: Loiseaux Brothers, 1983.

ERVIN, Howard K. These are not drunken, as ye suppose@ (Acts 2:15). Plainfield, NJ: Logos, 1968.

FAUPEL, David W. The American Pentecostal Movement: a Bibliographic Essay. Wilmore, Kentucky; Asbury Theological Seminary, 1972.

FROST, Henry W. Miraculous Healing: A Personal Testimony and Biblical Study. London: Evangelical Press, 1972.

GAFFIN, Richard Birch. Perspectives on Pentecost: Studies in New Testament teaching on the gifts of the Holy Spirit. Phillipsburg, N.J.: Presbyterian and Reformed, 1979.

_____. Are miraculous gifts for today? Four views. ed. Wayne A. Grudem. Grand Rapids: Zondervan, 1996.

GELPI, Donald L. Pentecostalism: A Theological Viewpoint. New York: Paulist Press, 1971.

GENTRY, Kenneth L. The charismatic gift of prophecy: a Reformed response to Wayne Grudem. 2nd ed.,Memphis, Tenn.: Footstool Publications, 1989.

GROMACKI, Robert Glenn. The Modern Tongues Movement. Philadelphia; Presbyterian and Reformed Publishing Co., 1967.

GRUDEM, Wayne A. The gift of prophecy in 1 Corinthians. Lanham, Maryland: University Press of America, 1982.

_____. The gift of prophecy in the New Testament. Westchester, Ill.: Crossway books, 1988. **Publicado no Brasil por Editora Carisma, com o título *O Dom de Profecia no Novo Testamento e Hoje*.**

HOEKEMA, Anthony A. What About Tongue Speaking? Grand Rapids: Wm. B. Eerdmans Publishing Co., 1966.

HOUSTON, Graham. Prophecy: a gift for today? Downers Grove, Ill.: InterVarsity Press, 1989.

HOWARD, David A. By the Power of the Holy Spirit. Downers Grove, Ill.: InterVarsity Press, 1973.

HYER, William H. AProphecy, revelation and Scripture@. [n.p.]: mimeographed, [n.d.].

KNIGHT, George W. Prophecy in the New Testament. Dallas, Texas: Presbyterian Heritage Pub, 1988.

KUYPER, Abraham. The Work of the Holy Spirit. trans. Henri de Vries. Grand Rapids; Wm. B. Eerdmans Publishing Co., 1941.

LAWTON, John Stewart. Miracles and Revelation. New York: Association Press, [1960].

LUTJENS, Ronald G. The reformed fathers and the gift of prophecy. [n.p.]: mimeographed, 1988.

MACARTHUR, John F. The charismatics: a doctrinal perspective. Grand Rapids: Zondervan, 1980.

OWEN, John. The Holy Spirit; his Gifts and Power: Exposition of the Spirit's Name, Nature, Personality, Dispensation, Operations and Effects. ed. George Burder. Grand Rapids: Kregel Publications, 1967.

RANAGHAN, Kevin and Dorothy. Catholic Pentecostals. Paramus, NJ: Paulist Press Deus Books, 1969.

RIDDERBOS, Herman N. The Coming of the Kingdom. trans. H. de Jongste. ed. Raymond O. Zorn. Philadelphia: Presbyterian and Reformed Publishing Co., 1962.

_____. When the Time Had Fully Come: Studies in New Testament Theology. Pathway Books. Grand Rapids: Wm. B. Eerdmans Publishing Co., 1957.

SHANK, H. Carl. More of Christ: Preliminary Thoughts Concerning a Reformed Antidote to the Current Charismatic Movement. Cherry Hill, NJ: Mack Publishing Co., 1973.

STEDMAN, Ray C. Body Life. Glendale, Cal.: Regal Books, 1972.

STOLEE, H. J. Speaking in Tongues. Minneapolis, Minn.: Augsburg Publishing House, 1963.

STOTT, John R. W. The Baptism and Fullness of the Holy Spirit. Downers Grove, Ill.: InterVarsity Press, 1971.

_____. The Preacher's Portrait. London: Tyndale Press, 1967.

TENNANT, F. R. Miracle & its Philosophical Presuppositions: Three Lectures Delivered in the University of London, 1924. Cambridge: University Press, 1925.

THOMAS, William Henry Griffith. The Holy Spirit of God. Chicago: The Bible Institute Colportage Association, [n.d.].

VOS, Geerhardus. The Teaching of Jesus Concerning the Kingdom of God and the Church. Nutley, NJ: Presbyterian and Reformed Publishing Co., 1972.

WALVOORD, John Flipse. The Holy Spirit; A Comprehensive Study of the Person and Work of the Holy Spirit. Wheaton, Ill.: Van Kampen Press, 1954.

WARD, Rowland S. Spiritual Gifts in the Apostolic Church: Their Nature, Function and Cessation in the Light of the New Testament Evidence. Prahran, Victoria, Australia: [n.n.], 1972.

WARFIELD, Benjamin Breckinridge. Miracles, yesterday and today, true and false. Grand Rapids: Wm. B. Eerdmans Publishing Company, 1953.

Periódicos

ARNDT, William F. Does the Bible teach that only Christians of the apostolic age would possess miraculous powers? (A conference paper), Concordia Theological Monthly (I:10, October, 1930), pp. 730-735.

BANKS, Robert, and Geoffrey Moon. Speaking in Tongues; a Survey of the New Testament Evidence, The Churchman, LXXX (Autumn, 1966), 278-294.

BELLSHAW, William G. The Confusion of Tongues, Bibliotheca Sacra, CXX (April-June, 1963), 145-153.

CALSTON, Charles E. The Question of Miracles, Andover Newton Quarterly, XII (November, 1971), 99-107.

DOLLAR, George W. Church History and the Tongues Movement, Bibliotheca Sacra, CXX (October-December, 1963), 316-321.

FARRELL, Frank. Outburst of Tongues; The New Penetration, Christianity Today, VII (September 13, 1963), 3-7.

HARPUR, T. W. The Gift of Tongues and Interpretation, Canadian Journal of Theology, XII (1966), 164-171.

HODGES, Zane C. The Purpose of Tongues, Bibliotheca Sacra, CXX (July--September, 1963), 226-233.

HULSE, Erroll. Can we do miracles today? The Banner of Truth (July 1981), pp. 21-28.

JOHNSON, S. Lewis, Jr. The Gift of Tongues and the Book of Acts, Bibliotheca Sacra, CXX (October-December, 1963), 309-311.

KLEIN, Walter C. The Church and Its Prophets, Anglican Theological Review, XLIV (January, 1962), 1-17.

MCDONNELL, Kilian. Catholic Pentecostalism: Problems in Evaluation, Dialog, IX (Winter, 1970), 35-54.

ROBERTSON, Palmer. Tongues Today? The Presbyterian Journal, XXXII (March 13, 1974), 7-8.

RPCES,. Report of the Speaking in tongues committee, Minutes of the 149th General Synod, pp. 87-100.

RUNIA, Klaas. The Gifts of the Spirit, Reformed Theological Review, XXIX (September-December, 1970), 82-94.

STIBBS, Alan. Putting the Gift of Tongues in its Place, The Churchman, LXXX, (Winter, 1966), 295-303.

STONEHOUSE, N. B. Repentance, Baptism and the Gift of the Holy Spirit, The Westminster Theological Journal, XIII (November, 1950), 1-18.

THOMAS, Geoffrey. The cessation of extraordinary gifts: historical evidence, The Banner of Truth (July/August 1973).

TOUSSAINT, Stanley D. First Corinthians Thirteen and the Tongues Question, Bibliotheca Sacra, CXX (October-December, 1963), 311-316.

Outros

OMERLY, George G. Glossalalia in First Corinthians Fourteen. Unpublished Master's Thesis. Philadelphia: Westminster Theological Seminary, 1971.

WALLACE, Daniel B. The Uneasy Conscience of a Non-Charismatic Evangelical, (Biblical Studies Foundation: Internet document, http://www.bible.org/docs/soapbox/estsw.htm).

WELMER, Wm. E. Baptism in the Holy Spirit. Paper submitted to the special Committee on the Baptism of the Holy Spirit elected by the 40th General Assembly of the Orthodox Presbyterian Church. November, 1973.

Cânon

ALEXANDER, Archibald. The Canon of the Old and New Testaments Ascertained, or The Bible Complete Without the Apocrypha and Unwritten Traditions. rev. ed. Philadelphia: Presbyterian Board of Publications, 1851.

GAUSSEN, L. Theopneustia: The Plenary Inspiration of the Holy Scriptures. London; Samuel Bagster and Sons, 1841.

HARRIS, R. Laird. Inspiration and Canonicity of the Bible: An Historical and Exegetical Study. Grand Rapids; Zondervan Publishing House, 1957.

HENRY, Carl F. H. (ed.). Basic Christian Doctrines. New York; Holt, Rinehart and Winston, 1962.

_____. Revelation and the Bible: Contemporary Evangelical Thought. Grand Rapids; Baker Book House, 1958.

KLINE, Meredith G. The Structure of Biblical authority. Grand Rapids. Wm. B. Eerdmans Publishing Co., 1972.

PACHÉ, René. The Inspiration and Authority of Scripture. trans. Helen I. Needham. Chicago: Moody Press, 1969.

PARKER, T. H. L. Calvin's New Testament Commentaries Grand Rapids: Wm. B. Eerdmans Publishing Co., 1971. Ridderbos, Herman N. The Authority of the New Testament Scriptures. trans. H. de Jongste. International Library of Philosophy and Theology: Biblical and Theological Studies Series. ed. J. Marcellus Kik. Philadelphia: Presbyterian and Reformed Publishing Co., 1963.

STONEHOUSE, N. B. Paul Before the Areopagus; and Other New Testament Studies. Grand Rapids: Wm. B. Eerdmans Publishing Co., 1957.

TENNEY, Merrill C. (ed.). The Bible - The Living Word of Revelation. An Evangelical Theological Society Publication, Monograph No. 6. Grand Rapids: Zondervan Publishing House, 1968.

WARFIELD, Benjamin Breckinridge. The Canon of the New Testament, The Inspiration and Authority of the Bible. ed. Samuel G. Craig. Philadelphia: Presbyterian and Reformed Publishing Co., 1970. pp. 411-416.

Esta obra foi composta na fonte
Bely, 11,5pt e impressa em papel
Pólen Soft 70g/m².